à la naissance des choses

fougères f-42220 la versanne
ISBN 2-909422-94-1

françoise dastur

à la naissance des choses

art, poésie et philosophie

encre marine

pour Walter Biemel

Avant-propos

Être du bond. N'être pas du festin, son épilogue.
René Char

TANT QUE LA PHILOSOPHIE a été exclusivement régie par l'idéal de la scientificité, l'art s'est vu relégué dans la position subordonnée de représentation fallacieuse du réel. Mais les choses ont commencé à changer à partir du moment où il s'est agi pour la philosophie non plus de donner une explication du monde, mais simplement de « rapprendre à le voir », selon la belle formule de Merleau-Ponty dans l'Avant-propos de la *Phénoménologie de la perception*. Avec Husserl en effet un tournant s'opère, dont la maxime du « retour aux choses elles-mêmes » est le signe. Ce qui est requis du philosophe, ce n'est plus la traversée des apparences en vue d'atteindre l'arrière-monde des essences vraies, mais au contraire la prise en vue des phénomènes eux-mêmes tels qu'ils se donnent à un regard désintéressé. C'est ici, dans cette commune indifférence à l'égard des évaluations quotidiennes, que peuvent alors se rencontrer l'artiste et le philosophe. Ce qu'ils recherchent tous deux, ce n'est pas à représenter le réel, en idées pour l'un, en images pour l'autre, mais bien à saisir, dans sa fugitivité même, le mouvement de la venue au monde des choses.

C'est donc avant tout vers les philosophes qui se sont situés dans la mouvance de la phénoménologie qu'il s'agit de se tourner si l'on veut trouver un discours qui voit en l'art non plus un pur jeu d'apparences, mais une manifestation de la vérité. Certes le fondateur de la phénoménologie ne s'est guère lui-même intéressé à l'art. Il n'en demeure pas moins que la méthode qu'il assigne à la philosophie, la fameuse réduction phénoménologique, précisément parce qu'elle met en suspens tout intérêt pratique ou théorique pris aux choses, a la vertu d'amener le penseur sur le terrain même où se situe d'emblée l'artiste, celui du pur apparaître du monde. Ce sont en effet les pouvoirs de l'imagination, cette liberté prise par rapport aux contraintes que font peser sur nous les nécessités pratiques, que Husserl a mis au fondement même de l'attitude phénoménologique. Car ce que nous permet le recul par rapport au réel qui nous est ainsi procuré, ce n'est pas l'évasion vers un ailleurs, mais au contraire le retour au « monde de la vie », à ce sol originaire qui gît, intact, sous l'ensemble des productions de la culture humaine. Ce que cherche donc à montrer le phénoménologue, c'est aussi ce que veut faire voir l'artiste : non pas un monde déjà tout constitué, mais son apparition même.

Il revient cependant à Heidegger d'avoir, sur cette même base, consacré à l'art une réflexion thématique. C'est en effet seulement avec lui, qui renouvelle ainsi un geste qui fut déjà celui des premiers romantiques, que l'art est explicitement considéré comme une mise en œuvre de la vérité. À l'œuvre d'art est ainsi octroyé un pouvoir créateur, celui de l'instauration même du monde, qui ne se lève pour ainsi dire qu'à travers elle. Initiatrice, tout autant que l'est la pensée, de l'espace au sein duquel l'existence humaine peut alors se déployer, l'œuvre d'art apparaît ainsi comme ce dont ne peut rendre compte aucun des discours traditionnels qui ne voient en elle qu'une simple re-présentation. La critique que fait Heidegger de la conception moderne de l'art qui comprend celui-ci de manière subjective dans le cadre de ce qui, à partir du XVIIIe siècle, s'est nommé « esthétique » est reprise et développée par Gadamer qui montre que l'œuvre d'art se voit ainsi arrachée au monde auquel elle appartient pour devenir un pur objet sensible dénué de toute fonction religieuse ou profane. Pour Gadamer en effet, l'œuvre d'art n'a pas le statut d'un objet subsistant, mais demande au contraire à être à chaque fois à nouveau portée à la présence. Si l'on peut alors dire que la re-présentation est l'essence même de tout art, ce n'est plus au sens de la reproduction d'un réel préexistant, mais au contraire d'une re-création de ce qui n'est jamais simplement donné à contempler, la véritable relation à l'œuvre n'étant autre que la participation.

Que l'œuvre d'art ne soit pas d'essence nostalgique, qu'elle ne vise pas à conserver ce qui, de l'expérience, n'a jamais été véritablement présent, mais qu'elle ait au contraire le pouvoir d'initier l'être au monde de l'homme, c'est ce qu'une réflexion sur les arts dits plastiques, de l'architecture au dessin, peut mettre en évidence, et ce qu'une analyse de cet art du devenir qu'est la musique pourrait aussi montrer. Mais seule la poésie, en tant qu'art de la parole, nous met directement en présence de l'immense pouvoir du langage, qui est de donner l'être à toute chose.

C'est alors que s'impose à ce penseur que se veut désormais Heidegger, renonçant ainsi à cette prétention à la scientificité qui a, depuis sa naissance, défini la philosophie, le dialogue avec les poètes. Et d'abord avec ce poète de la poésie qu'est Hölderlin, qui a, plus que tout autre, pris conscience du pouvoir instaurateur de la poésie et de la capacité qu'a l'image de donner à voir l'infini. C'est en effet grâce à Hölderlin que Heidegger a pu voir dans le projet poétique l'essence même de tout art, ce qui ne revient pas à accorder un privilège à la poésie en tant qu'art particulier, mais simplement à reconnaître que c'est dans la parole poétique qu'advient initialement cette éclaircie au sein de laquelle habitent les humains.

Si une rencontre a été possible entre Heidegger et ce poète héraclitéen qu'est René Char, c'est parce qu'il est par excellence le poète de la foudre et de l'éclair, de cet *événement* par où les ténèbres en se faisant soudain lumière donnent naissance à cette clairière qu'est le monde. Poète du matinal, René Char est pourtant aussi celui du crépuscule, de cette tombée de la nuit qu'incarne le monde occidental. Et c'est en cela qu'il rejoint Georg Trakl, le poète, tout comme Hölderlin, de la nuit de la modernité. Poète qui lui aussi, dans une secrète alliance avec Nietzsche, fait signe vers l'avenir et voit dans le déclin lui-même l'annonce d'une nouvelle aurore. C'est par là que ces trois poètes avec lesquels Heidegger est entré en dialogue demeurent dans une proximité intime avec celui qui déclara que « la poésie ne rythmera plus l'action, elle sera en avant » — avec ce poète révolutionnaire que fut Rimbaud, qui nous enjoignait, il y a déjà plus d'un siècle, d'être « absolument moderne ».

Husserl et la neutralité de l'art

> On est artiste à la condition que l'on sente comme un *contenu*, comme « la chose même », ce que tous les non-artistes nomment « forme ». De ce fait on appartient à vrai dire à un *monde renversé* ; car désormais tout contenu devient quelque chose de simplement formel – y compris notre vie.
>
> F. Nietzsche (24.11.1887)

S'IL EST VRAI, comme le remarque Walter Biemel[1], qu'on ne peut trouver aucune analyse systématique de l'art chez le fondateur de la phénoménologie, qui fut mathématicien et logicien avant d'être philosophe, alors que l'intérêt pour les problèmes esthétiques n'a nullement été absent du mouvement qui s'est réclamé de lui[2], ne peut-on pas néanmoins se demander si la dimension esthétique en tant que telle n'est pas demeurée omniprésente à cette pensée de l'*apparaître*

1. Cf. W. Biemel, « Réflexions concernant l'interprétation du *Bild* chez Ingarden », *La part de l'œil*, « Art et phénoménologie », n° 7, Bruxelles, 1991, p. 64.
2. Il faudrait citer à coté des travaux de Roman Ingarden, de Eugen Fink et de Jan Patočka auxquels Walter Biemel fait allusion dans l'article cité, ceux, moins connus, d'Oskar Becker qui consacra en 1922 sa thèse d'habilitation dirigée par Husserl à « Die Stellung des Ästhetischen im Geistesleben » (*Dasein und Dawesen*, 1963), de Fritz Kaufmann qui soutint en 1924, également sous la direction de Husserl, une dissertation consacrée à « Das Bildwerk als ästhetisches Phänomen » (*Das Reich des Schönen. Bausteine zu einer Philosophie der Kunst*, 1960) et de Moritz Geiger (*Zugänge zur Ästhetik*, 1928, *Die Bedeutung der Kunst. Zugänge zu einer materialen Wertästhetik*, 1976).

qu'est la phénoménologie ? Ce ne sont pas au premier chef, semble-t-il, les quelques considérations sur l'art que l'on peut malgré tout trouver chez Husserl et sur lesquelles nous reviendrons par la suite [1] qui l'attesteraient le mieux, mais plutôt cette « étroite parenté » qu'il est le premier à reconnaître entre attitude phénoménologique et attitude esthétique [2]. Du reste, si Husserl ne nous propose guère d'analyses d'œuvres d'art dans ses œuvres publiées – à part peut-être celle de la gravure de Dürer, « Le Chevalier, la Mort et le Diable », qui lui sert dans les *Ideen I* à montrer comment la perception esthétique suppose une modification de neutralité de la conscience [3] –, les références artistiques et littéraires que l'on trouve dans ses textes laissent supposer que ce travailleur infatigable, qui a laissé derrière lui des milliers de pages manuscrites, lisait pourtant des poèmes et des romans, écoutait de la musique, allait au théâtre et dans les musées. L'œuvre d'art ne lui sert pas seulement d'exemple pour une « phénoménologie des présentifications intuitives » [4] ou pour une réflexion sur le statut des idéalités dont l'œuvre littéraire semble être le fil conducteur [5], mais elle constitue un modèle essentiel de l'analyse intentionnelle en tant que telle. Gérard Granel a, dans des pages éblouissantes, montré ce

1. Cf. E. Husserl, *Phantasie, Bildbewusstsein, Erinnerung, 1898-1925*, Husserliana Band XXIII, Nijhoff, The Hague, 1980 (noté par la suite Hua XXIII). On peut en effet trouver dans ce gros volume (724 pages), qui réunit tous les textes que Husserl a consacrés à la phénoménologie des présentifications intuitives, des passages qui relèvent explicitement d'une « phénoménologie de l'art ». Voir la traduction française, *Phantasia, conscience d'image, souvenir*, parue en 2002 chez Jérôme Millon, Grenoble.
2. Voir la lettre de Husserl à Hofmannsthal du 12 janvier 1907, *La part de l'œil*, « Art et phénoménologie », *op. cit.*, p. 13.
3. Cf. E. Husserl, *Idées directrices pour une phénoménologie*, Paris, Gallimard, 1950, § 111.
4. C'est là le sous-titre du tome XXIII des *Husserliana* dans lequel on trouve cités, entre autres, les noms de Beethoven, Raphaël, Le Titien, Michel-Ange, Schiller, Grillparzer.
5. Cf. *Expérience et Jugement*, Paris, PUF, 1970, § 65 où Husserl s'interroge sur le rapport entre idéalité et réalité et oppose à cet égard l'œuvre d'art littéraire, qui peut avoir une multitude indéfinie d'incarnations sensibles, comme le *Faust* de Goethe, qui demeure toujours distinct des livres réels qui portent ce titre, et l'œuvre d'art picturale, comme la Madone de Raphaël, qui ne connaît qu'une seule et unique incarnation réelle avec laquelle pourtant en principe elle ne se confond pas. Voir sur ce point J. Derrida, Introduction, *L'origine de la géométrie*, PUF, 1962, p. 88, note 1, où il remarque justement que « l'œuvre littéraire est souvent choisie par Husserl comme fil conducteur pour une analyse des objectités culturelles ».

que l'analyse des rapports de la conscience et du temps doit au modèle mélodique analysé par Husserl dans ses *Leçons sur la phénoménologie de la conscience intime du temps*, la mélodie étant « la paix des opposés métaphysiques, la matière qui reste dans la forme et la forme qui reste dans la matière, par conséquent la conscience qui reste dans la temporalité et la temporalité qui reste dans la conscience : l'immanence au sens le plus haut »[1]. Jacques Derrida a attiré l'attention sur ce que doit au modèle pictural la structure itérative de la mise en abyme propre à la conscience intentionnelle en généralisant dans *La voix et le phénomène*[2] ce qui est pour Husserl propre à la situation seconde de la présentification : « Un nom prononcé devant nous nous fait penser à la galerie de Dresde et à la dernière visite que nous y avons faite : nous errons à travers les salles et nous nous arrêtons devant un tableau de Téniers qui représente une galerie de tableaux. Supposons en outre que les tableaux de cette galerie représentent à leur tour des tableaux, qui de leur côté feraient voir des inscriptions qu'on peut déchiffrer, etc. »[3]. Quant à ce qui caractérise la réflexion phénoménologique dans sa différence avec la réflexion naturelle, à savoir « l'*epokhé* universelle à l'égard de l'existence ou la non-existence du monde » qui permet ce *« dédoublement du moi »* propre à l'attitude phénoménologique par lequel « au-dessus du moi naïvement intéressé au monde s'établit en *spectateur désintéressé* le moi phénoménologique »[4], comment ne pas y reconnaître ce qui constitue le propre du dispositif scénique de la représentation théâtrale telle qu'elle est comprise depuis Aristote ?[5]

1. G. Granel, *Le sens du temps et de la perception chez E. Husserl*, Paris, Gallimard, 1968, p. 57.
2. J. Derrida, *La voix et le phénomène*, Paris, PUF, 1967, exergue et pp. 116-117.
3. *Idées directrices pour une phénoménologie, op. cit.*, § 100, p. 350.
4. E. Husserl, *Méditations cartésiennes*, Paris, Vrin, 1953, § 15, pp. 29-30.
5. Ne faut-il pas en effet, pour que le spectacle ait l'effet cathartique dont parle la *Poétique*, que les émotions qu'il suscite soient éprouvées par le spectateur sans dommage pour lui, ce qui implique qu'elles aient, en tant que seulement représentées, perdu leur caractère positionnel ? Husserl comprend d'ailleurs lui aussi l'accès au niveau transcendantal comme une « purification » de la conscience. De là à penser que le spectateur dont parle Aristote est le philosophe lui-même et qu'inversement l'attitude philosophique elle-même est issue de la représentation théâtrale ainsi comprise, il n'y a qu'un pas.

Musique, peinture, théâtre : autant de modèles qui permettent de rendre compte de cette structure auto-référentielle de la conscience par laquelle celle-ci échappe à toute réification et ne peut par conséquent être pensée comme appartenant à la réalité que par l'effet de ce contresens philosophique qu'est, selon Husserl, le réalisme transcendantal cartésien[1]. C'est donc l'*irréalité* de la conscience transcendantale et de ses « contenus » qui explique la troublante analogie de la situation du phénoménologue transcendantal et de l'artiste à l'égard du monde qui, sous leur regard devenu indifférent à son existence, acquiert le statut de pur phénomène[2]. L'*indifférence* à l'égard de l'existence du monde, la *non-participation* à sa position d'existence naturelle, permettent seules à celui-ci d'*apparaître purement*. Le phénomène pur, en effet – la « chose même » à laquelle la phénoménologie nous enjoint de faire retour – ne se confond nullement avec les données immédiates de la préoccupation ou avec les contenus de l'expérience pratique quotidienne, mais ne se révèle au contraire que dans leur « mise hors jeu » ou leur « neutralisation » et c'est bien, comme Heidegger le soulignera au début de *Sein und Zeit*, parce que les phénomènes ne sont pas tout d'abord donnés qu'il est besoin d'une phénoménologie[3] – ce qui fait peut-être qu'il n'y a, paradoxalement, de phénoménologie que de l'inapparent. Car la tâche de la phénoménologie « n'est pas une chose si triviale, comme si l'on avait qu'à simplement voir, qu'à ouvrir les yeux »[4] : il s'agit au contraire d'*exercer* la vision à s'en tenir strictement à ce qui apparaît, sans passage au-delà, sans visée transcendante vers l'arrière-monde de la chose-en-soi que présupposent toujours, parce que soumises à la domination de l'entendement objectivant, la « théorie » et la « pratique », au contraire de la philosophie et de l'art. C'est pourquoi Husserl, retrouvant à son insu des accents hégéliens, veut « amener l'entendement à la raison » en promouvant « le moins possible d'entendement, mais autant que possible l'intuition pure (*intuitio sine comprehensione*) » sans se laisser troubler

1. *Idées directrices, op. cit.*, § 10, p. 21.
2. Cf. la lettre à Hofmannsthal (*op. cit.*, p. 14) où Husserl souligne bien cette analogie.
3. M. Heidegger, *Sein und Zeit*, Tübingen, Niemeyer, 1963, p. 36.
4. E. Husserl, *L'idée de la phénoménologie*, Paris, PUF, 1985, p. 114.

par la parenté avec « le langage des mystiques » que cet éloge de la vision intellectuelle implique[1]. Car une telle vision « pure », qui ne se repaît que du « monde des apparences » en faisant l'économie du « monde en-soi » de la croyance naïve, ne se confond nullement avec l'*intuitus mentis*, ce mode, aveugle à la mondanéité du monde, de la présence à soi du sujet, mais est au contraire ce « moyen qui m'est donné d'être absent de moi-même, d'assister du dedans à la fission de l'Être » dont parle Merleau-Ponty[2]. D'un tel regard pré-humain, la peinture de Cézanne donne en effet un aperçu saisissant, puisqu'elle met en suspens les habitudes – « humaines, trop humaines » – à travers lesquelles nous voyons toutes choses, pour révéler l'« ordre naissant » de la nature, ce « monde sans familiarité » qui se situe « en deçà de toute humanité constituée »[3], sur le fondement muet duquel s'édifient toute culture et tout savoir régional de l'étant. Si Cézanne ne peint rien d'autre que la « déflagration de l'être »[4] – cette « merveille des merveilles : *Que* l'étant *est* »[5] – que la philosophie, dans sa dimension absolument originale qui la distingue de toute science positive[6], a pour tâche de penser, quoi d'étonnant alors que le penseur et l'artiste se rejoignent dans la même *epokhè*, dans la même abstention à l'égard de la *doxa*, et partagent le même « monde renversé » que le jeune Hegel réservait à l'ésotérisme philosophique[7] ?

1. E. Husserl, *L'idée de la phénoménologie*, *op. cit.*, p. 88.
2. M. Merleau-Ponty, *L'œil et l'esprit*, Gallimard 1964, p. 81.
3. M. Merleau-Ponty, « Le doute de Cézanne » in *Sens et non-sens*, Paris, Nagel, 1966, pp. 25 et 28.
4. *L'œil et l'esprit*, *op. cit.*, p. 65
5. M. Heidegger, « Qu'est-ce que la métaphysique ? » in *Questions I*, Paris, Gallimard, 1968, p. 78.
6. *L'idée de la phénoménologie*, *op. cit.*, p. 48.
7. G. W. F. Hegel, *L'essence de la critique philosophique* (1802), Paris, Vrin, 1986, pp. 94-95 : « La philosophie est par nature quelque chose d'ésotérique qui n'est pas faite pour le vulgaire, ni pour être mise à la portée du vulgaire ; elle n'est philosophie qu'autant qu'elle est précisément opposée à l'entendement et par là, davantage encore, au sens commun humain, sous lequel on comprend la limitation dans le temps et l'espace d'une race d'hommes ; par rapport à ce sens commun, le monde de la philosophie est en soi et pour soi un monde renversé » (traduction modifiée).

1. *Phénoménologie et esthétique*

C'est au début janvier 1907, soit quelques mois avant les cours qu'il fera à Göttingen sous le titre *L'idée de la phénoménologie*, dans lesquels nous trouvons la première présentation de la réduction phénoménologique, que Husserl, dans sa lettre à Hofmannsthal, affirme l'étroite parenté du regard phénoménologique et du regard esthétique. Ce qui réunit ces attitudes pourtant divergentes, puisque l'une poursuit la jouissance, alors que l'autre veut la connaissance, c'est la stricte mise hors circuit, qui les caractérise toutes deux, de toute prise de position existentielle, que celle-ci vienne de l'intellect, du sentiment ou de la volonté. Car, Husserl y insiste, il s'agit pour l'art d'atteindre à la « pureté » esthétique en s'éloignant le plus possible de la « vérité naturelle » et du réalisme, tout comme il s'agit pour la phénoménologie de mettre en question tout être et toute connaissance préexistants pour en élucider le sens immanent. Mais si l'*epokhè* doit être mise en œuvre afin de résoudre cette énigme qu'est la connaissance, laquelle demeurerait sans cela le mystère de l'inexplicable concordance du dehors et du dedans, de l'esprit et du monde, et si cette mise en œuvre exige une véritable ascèse et une sortie progressive de l'attitude naturelle dont Husserl explicitera les degrés dans ses *Idées directrices* de 1913, l'art, par contre, nous la présente *d'emblée* comme *déjà accomplie*. L'œuvre d'art a en effet cette vertu de nous « transporter » dans l'état d'abstention par rapport à toute position d'existence, voire de nous « contraindre » à la mise hors circuit. De par sa seule existence, elle nous arrache à l'attitude naturelle et à la position d'être que celle-ci implique constamment, pour nous transporter au niveau du pur phénomène, non pas pour en élucider le sens, mais pour se l'approprier et en jouir.

De cette pure jouissance de l'apparaître et de cette joie prise à l'apparition (*Freude an der Erscheinung*) Husserl parlait déjà dans un manuscrit de 1906, où il évoque aussi allusivement l'esthétique de Kant[1]. Il y oppose l'intérêt pour l'apparaître *(Interesse an der Erscheinung)* à

1. *Hua XXIII*, p. 145 (trad. fr. p. 168).

l'intérêt pour la chose *(Interesse an der Sache)* et définit l'esthétique comme l'intérêt pour l'apparaître pur, c'est-à-dire pour l'apparition en elle-même sans que celle-ci devienne objet théorique ou pratique de visées existentielles. Voilà qui n'est pas sans rappeler la thèse du désintéressement qui, chez Kant, permet de distinguer l'agréable du beau et le pathologique de l'esthétique. Cette thèse n'a pour Kant qu'une application « régionale » : elle ne concerne que le domaine esthétique du sentiment de plaisir et de déplaisir, alors que les domaines de la faculté de connaître et de la faculté de désirer sont au contraires dominés par l'intérêt théorique et pratique pour l'objet, que celui-ci soit déjà existant ou à réaliser. Il en va de même pour Husserl, à ceci près cependant que le théorique et le pratique tombent pour lui en dehors du philosophique au sens strict, lequel *n*'a précisément *pas* affaire à l'objet ou à l'existence en général, ce qui a pour effet une extension de la thèse du désintéressement à l'ensemble du philosophique.

Ce qu'opère donc le regard phénoménologique – et c'est en quoi il est apparenté au regard esthétique – c'est une déréalisation qui est aussi une paradoxale désactualisation de ce qui apparaît. Que se passe-t-il en effet, demande Husserl, lorsque le paysage naturel devient « tableau » *(Bild)*, lorsque j'adopte à son égard une attitude esthétique ? Il perd son « actualité », c'est-à-dire tout ce qui en lui renvoyait à mes intérêts théorico-pratiques – et pour Husserl le « pratique » s'édifie toujours sur le « théorique », les vécus affectifs et volitifs sont « fondés » sur la représentation à laquelle seule revient le pouvoir « objectivant » –, pour me devenir « purement » présent, dans cette présence paradoxalement non présente *(die nichtgegenwärtige Gegenwart)* qui est celle de la pure *Erscheinung*[1]. Est-ce à dire que je suis alors dans l'inobjectif et que j'ai perdu tout rapport au monde ? Ne faut-il pas au contraire, comme Kant lui-même le suggère, comprendre que l'absence d'intérêt pris à l'objet me le *donne* plus sûrement qu'aucune de mes visées « intéressées » et que ce qu'il nomme « beau » n'est rien d'autre que l'apparition même de l'objet *comme tel*[2] ? Nietzsche, qui a

1. *Hua XXIII*, p. 144 (trad. fr. p. 167).
2. Cf. M. Heidegger, « La doctrine du Beau chez Kant. Son interprétation erronée par Schopenhauer et Nietzsche » in *Nietzsche I*, Paris, Gallimard, 1971, p. 104.

pourtant opposé au plaisir « dit » désintéressé pris au beau l'ivresse caractérisant selon lui l'état esthétique, n'a peut-être pas foncièrement mal compris Kant, puisqu'il reconnaît que cette ivresse idéalisante qui permet de voir les choses, non comme elles sont, mais avec plus de force et de simplicité, en exagérant formidablement leurs traits principaux, est ce sentiment qui nous rend capables de voir la forme pure de l'objet dans tout contenu objectif de l'expérience « naturelle »[1].

Ce devenir forme du contenu et ce devenir contenu de la forme, par lequel le rapport habituel au monde se voit inversé, est aussi ce qui advient dans l'attitude phénoménologique en tant que celle-ci s'en tient à une « immanence » qui n'est pourtant pas enfermement dans la seule intériorité du sujet. La question que pose en effet la phénoménologie à l'expérience, ce n'est pas celle, « matérielle », de son *quid*, mais celle, « formelle », de son *quomodo*. C'est ce qui était déjà mis en relief par Husserl dans *L'idée de la phénoménologie* : la « scène » phénoménologique n'est pas celle, cartésienne, du clivage de l'objet et du sujet, où l'on doute de la possibilité de la connaissance et où il s'agit de sortir le sujet de son éloignement par rapport à un être qui ne l'affecte pas, mais une tout autre scène où sujet et objet sont toujours déjà en commerce et où l'énigme est précisément celle de leur rencontre déjà advenue. « *Comment* la connaissance peut-elle s'assurer de son rapport avec les choses existant en soi, les "atteindre" ? » demande Husserl[2]. Ce qui fait problème, c'est précisément l'accord de l'en soi et du pour moi, ce qu'il s'agit de comprendre, c'est l'énigme de la *Trifftigkeit*, de l'atteinte de l'être par le sujet. La phénoménologie n'a donc affaire ni seulement au « sujet » ni seulement à l'« objet », mais à la *modalité* de leur rapport, et c'est ce qui la définit essentiellement comme une *méthode* et une attitude de pensée[3]. C'est pourquoi ce

1. Dans le chapitre suivant (« L'ivresse en tant que force créatrice de la forme », *Nietzsche I*, pp. 108-116), Heidegger cite le passage de Nietzsche qui a été mis en exergue ici, mais sans y reconnaître explicitement une compréhension effective du désintéressement kantien, qu'il suggère pourtant par ailleurs en soulignant que l'état esthétique, qu'on le nomme beauté avec Kant ou ivresse avec Nietzsche, n'est ni purement objectif ni purement subjectif.

2. *L'idée de la phénoménologie, op. cit.*, p. 103 (je souligne). Voir également, sur la différence entre le *Dass* et le *Wie*, les pages 36-39.

3. *Ibid.*, p. 45.

qui relève proprement de la phénoménologie n'est pas l'objet transcendant, dont l'identité est précisément mise hors circuit, mais la multiplicité de ses modes d'apparition ou de ses esquisses, lesquelles sont pourtant inséparables de l'intentionnalité dont elles sont le support. C'est ce qui explique que dans ses *Leçons* de 1905, année, rappelons-le, de la découverte de la réduction phénoménologique, lorsqu'il s'agit pour Husserl de faire l'analyse de la conscience du temps, l'« objet » par excellence de la phénoménologie, s'avère être, par la mise hors circuit de toute position transcendante, le « pur *datum* hylétique »[1]. La « chose même », pour le phénoménologue, c'est le divers sensible, ce qui implique donc que le terrain phénoménologique soit par excellence celui de l'*aisthesis*. Husserl distingue en effet, toujours dans les *Leçons*[2], l'objet immanent qui dure et l'objet dans son mode d'écoulement (*das Objekt im Wie*) qui est sans cesse un autre. Ce « comment » de l'objet dans son perpétuel devenir-autre est précisément *ce qui n'apparaît pas*, parce que c'est ce qui sert de médiation à la conscience qui se rapporte à l'objet perçu comme un : c'est « la face cachée, constituante mais nocturne de l'intentionnalité » en train de se déployer[3].

Mais si c'est bien dans les profondeurs de la *hylé* qu'il faut chercher le phénoménologique comme tel, cela implique l'abandon de l'*Auffassung-Auffassungsinhalt-Schema*, c'est-à-dire de l'opposition stricte entre le moment intentionnel et le moment hylétique qui a gouverné jusque-là les analyses de Husserl. On ne peut en effet continuer à considérer le niveau hylétique comme constitué de « contenus » juxtaposés les uns aux autres, car cette pure diversité aura toujours son unité en dehors d'elle, dans une conscience qui les unifierait « instantanément ». Penser la temporalité de la conscience oblige Husserl à mettre la forme dans la matière et à penser les phases de la perception comme les rétentions continues d'un même point-source impressionnel. Ce qui constitue donc le véritable « *datum* phénoménologique » c'est

1. E. Husserl, *Leçons sur la phénoménologie de la conscience intime du temps*, Paris, PUF, 1964, § 8, p. 37.
2. *Ibid.*, § 9, p. 41.
3. Je renvoie au commentaire lumineux de G. Granel, *op. cit.*, pp. 60-63, que je ne fais que suivre ici.

l'unité, au niveau hylétique, de la forme et de la matière, qui est aussi unité d'une conscience qui n'est plus instantanée mais « qui embrasse présent et passé »[1].

Qu'apporte cette introduction de la forme dans la matière, par laquelle les contenus « morts » ressuscitent à la « vie » dans une conscience qui au lieu de s'édifier sur eux les contient en elle-même ? L'abandon d'une théorie de la représentation (*Repräsentationstheorie*) qu'on trouve encore dans les *Recherches Logiques*[2] et qui constituait un résidu empiriste à l'intérieur de la phénoménologie. On peut en effet voir dans cette théorie une persistance de ce qui caractérise l'attitude naturelle dans sa tendance réificatrice : le contenu sensible, isolé de l'intentionnalité qu'il supporte, y est considéré comme une « chose en miniature » qui conserve son identité à travers les formes d'appréhension différentes parce qu'elle joue le rôle de représentant des qualités de la chose. Ce qui implique que toutes les différences tombent du côté de la forme et qu'il n'y a, entre les diverses consciences, que des différences d'appréhensions. Or ceci a pour conséquence de faire obstacle à une juste compréhension du rapport de la perception à l'imagination et aux présentifications en général, qu'il faut concevoir comme un rapport de *modification.* C'est pourquoi Husserl, se livrant à son autocritique, pouvait écrire en 1918 : « Considérer l'imagination (*Phantasie*) comme une appréhension particulière dont les « phantasmes » seraient les contenus était erroné. L'imagination est une modification de la perception correspondante, les contenus imaginatifs sont les modifications des données sensibles correspondantes, ils ne sont pas eux-mêmes des données sensibles simplement appréhendées autrement. De même une rétention, un ressouvenir, une anticipation ne sont pas des appréhensions mais dans le meilleur des cas des modifications de celles-ci. »[3] C'est

1. *Leçons, op. cit.*, § 6, p. 25.
2. Cf. E. Husserl, *Recherches logiques*, Paris, PUF, 1974, tome 3, *Recherche VI*, Chapitre 7, §§ 53-58. C'est la raison pour laquelle cette sixième recherche ne sera pas rééditée avec les cinq précédentes en 1913, et lorsque Husserl, « cédant à la pression des amis de ce texte » (à savoir essentiellement Heidegger), accepte de la republier sans grand changement en 1920, il lui faut préciser dans l'Avant-propos qu'« il n'approuve plus » la théorie de la représentation catégoriale qu'elle contient.
3. *Hua XXIII*, p. LXIII [Manuscrit L I 19, 1918] (trad. fr. pp. 32-33).

cette théorie des modifications, déjà exposée dans les *Ideen I*, qui va permettre de rendre pleinement compte de ce qu'a de spécifique la perception esthétique.

2. *Phénoménologie et fiction*

La parenté que Husserl découvre entre l'attitude esthétique et l'attitude phénoménologique apporte cependant avec elle la menace de faire sombrer toute l'idéalité de l'apparaître pur dans l'empire de la fiction, ce qui n'est rien autre que la menace de cette absurdité qu'est, au yeux de Husserl, le scepticisme qu'incarne la figure « fascinante » de Hume[1]. L'entreprise phénoménologique du retour à la *Sache selbst* n'est-elle pas en effet, comme le montre Jacques Derrida dans cette étonnante lecture de la première *Recherche logique* qu'est *La voix et le phénomène*, essentiellement commandée par le souci de *limiter* les pouvoirs de la fiction, reconnue pourtant comme l'« élément vital de la phénoménologie »[2] en installant une distinction rigoureuse entre le réel et l'idéal, l'effectif et le fictif, qui interdise la généralisation sans bord d'une mise en abyme sans commencement ni fin, d'une dé-présentation sans origine ? Ne s'agit-il pas en fin de compte de préserver encore la pureté philosophique de la contamination poétique et de permettre au philosophe de se distinguer de son double, le sophiste, en maintenant « derrière » la facticité des répétitions l'« en soi » de la vérité ?

Il y aurait beaucoup de choses à dire en effet sur le platonisme « vrai » de Husserl[3], en commençant par souligner l'influence déterminante qu'a eue sur lui l'interprétation « géniale » de la théorie platonicienne des idées qu'il a trouvée chez Rudolf Hermann Lotze[4] et qui

1. *La voix et le phénomène, op. cit.*, p. 62.
2. Cf. *Idées directrices pour une phénoménologie, op. cit.*, p. 227.
3. Cf. J. Derrida, *La voix et le phénomène, op. cit.*, p. 59 : « Husserl l'admet parfois : c'est à un platonisme conventionnel qu'il s'est toujours opposé. Quand il affirme la non-existence ou la non-réalité de l'idéalité, c'est toujours pour reconnaître que l'idéalité est selon un mode qui est irréductible à l'existence sensible ou à la réalité empirique, voire à leur fiction. En déterminant l'*ontôs on* comme *eidos*, Platon ne faisait pas autre chose. »
4. Cf. E. Husserl, « Esquisse d'une préface aux *Recherches Logiques* » (1913) in *Articles sur la logique*, Paris, PUF, 1975, pp. 378 sq.

est à l'origine de son concept de signification idéale. Pour Lotze, qui analyse en moderne – c'est-à-dire en cartésien – la théorie platonicienne, l'idée très simple et très importante que Platon a été le premier à énoncer, c'est celle d'une vérité interne aux flux héraclitéen du devenir, lequel se confond purement et simplement avec le monde des *cogitationes*. C'est de Lotze en effet que Husserl tient l'idée d'une *indifférence* à l'égard de l'être et du non-être du monde (c'est la fameuse « neutralité » à l'égard de l'idéalisme et du réalisme qui caractérise la période des *Recherches logiques*[1]), puisque les seules données immédiates de la connaissance sont nos propres représentations et non pas les « choses elles-mêmes » dont la transcendance présupposée doit être laissée entièrement de côté[2]. Or ce que Platon nomme idées, ce sont, selon Lotze, les contenus invariables de nos affections et représentations toujours changeantes, tels le son en soi, la couleur en soi, qui ne sont nullement des étants, mais qui sont pourtant « quelque chose » qui n'est pas rien puisque nous leur reconnaissons une objectivité et que nous les jugeons susceptibles de former également le contenu de l'expérience d'autrui.

Ce qui permet chez Lotze de distinguer, au sein de l'expérience interne, le subjectif de l'objectif et de l'intersubjectif, c'est un « certain élément de consentement » (*ein gewisses Element von Bejahung*) dans lequel il voit toute la mesure de la réalité effective, de la *Wirklichkeit*[3]. Si Lotze préfère explicitement le terme de « consentement » à celui de « position » que l'idéalisme allemand, avec Fichte surtout, a pourtant érigé en critère de toute réalité, c'est précisément parce que la *Bejahung*, le dire-oui, est de nature passive et consiste à reconnaître quelque chose qui est déjà là indépendamment de tout sujet pensant. Platon n'a pas attribué aux idées une réalité semblable à celle des choses, il

1. Cf. M. Heidegger, « Mon chemin de pensée et la phénoménologie » (1969) in *Questions IV*, Paris, Gallimard, 1976, p. 166. C'est cette « neutralité philosophique » qui a conduit Heidegger à privilégier les *Recherches logiques* et à refuser de suivre Husserl dans le mouvement qui, selon lui, le ramène dans les *Ideen I* à la tradition des modernes et à un idéalisme qui se réinstalle dans la scission sujet-objet.
2. Cf. R. H. Lotze, *Logik. Drittes Buch. Vom Erkennen*, Hamburg, Felix Meiner, 1989, p. 504.
3. *Ibid.*, p. 510.

n'a rien voulu enseigner d'autre que la « validité » des vérités, c'est-à-dire leur identité et leur indépendance à l'égard des esprits qui les pensent : c'est là la réponse de Lotze au scepticisme avec lequel il partage pourtant la critique de l'absurdité de la chose en soi[1]. Husserl, dans les *Prolégomènes à la logique pure*, reprendra l'argumentation de Lotze pour répondre à l'empirisme et au scepticisme humiens. Mais c'est seulement en 1907, dans *L'idée de la phénoménologie*, qu'avec la réduction phénoménologique, il trouvera une méthode lui permettant de s'écarter définitivement de « la voie de Hume » qui, ramenant toute objectivité transcendante à une fiction, cherche une explication psychologique au préjugé qui attribue à la connaissance une « prestation » transcendante[2]. La réponse au fictionalisme généralisé de Hume[3] consiste en effet, par la mise en évidence de « l'ambiguité » des concepts de transcendance et d'immanence[4], à trouver dans la sphère d'immanence elle-même une issue donnant sur le dehors et à *voir* une « autre » transcendance que celle de la réalité dans la donnée-en-personne du *cogitatum* « dans » la *cogitatio*, laquelle le contient à titre intentionnel et non réel[5]. À l'aveuglement du scepticisme et du fictionalisme, Husserl oppose, comme Lotze réinterprétant Platon, la présence absolue de l'effectivité, de la *Wirklichkeit*, dans l'acte même du voir. Ce qui implique pourtant qu'une nouvelle scission traverse la sphère d'immanence, séparant deux modes de présence à l'intérieur de celle-ci : la présence réelle de la *cogitatio* (noèse + *hylè*) de la présence « intentionnelle » du *cogitatum* (noème). Et ce n'est pas un moindre paradoxe que de voir Husserl prendre la conscience irréalisante de la fiction comme paradigme de la corrélation noético-noématique.

On ne peut qu'être frappé en effet de la prédilection qu'éprouve le

1. Cf. R. H. Lotze, *Logik. Drittes Buch. Vom Erkennen*, *op. cit.*, p. 501. Le premier chapitre du livre III de la *Logique* est consacré au scepticisme.
2. *L'Idée de la phénoménologie*, *op. cit.*, pp. 41 sq. et p. 63.
3. Cf. E. Husserl, *La crise des sciences européennes et la phénoménologie transcendantale*, Paris, Gallimard, 1976, § 23.
4. Cf. R. Boehm, « L'ambiguïté des concepts husserliens de transcendance et d'immanence », *Revue philosophique*, 1959, n° 4, pp. 481 sq.
5. *L'idée de la phénoménologie*, *op. cit.*, p. 35.

professeur d'apparence austère de Halle, Göttingen et Freiburg pour le monde fantastique des contes, surtout ceux d'Hofmannsthal[1] et pour l'univers mythologique, en particulier celui, particulièrement sombre, des tableaux de Böcklin[2]. C'est à ce dernier qu'il emprunte l'exemple du centaure qui lui sert dans les *Recherches logiques* à mettre en évidence le caractère non réel de ce qu'il nommera par la suite noème et dans les *Ideen I* à opposer la spontanéité de l'idéation et de la fiction à la passivité de la perception. Car ce qui importe dans les deux cas c'est de montrer que cet objet imaginaire qu'est le centaure n'est pas quelque chose de psychique, puisqu'il n'existe nulle part, ni dans l'âme, ni dans le monde. Ce qui existe par contre c'est le vécu de fiction, l'acte de représentation par lequel on l'imagine. Il en va de même en ce qui concerne le mot imaginé, dont la non-existence nous est indifférente dans le soliloque tandis que notre acte d'imagination, lui, est un vécu réel[3], et en ce qui concerne l'essence, qu'il ne s'agit pas de confondre avec la conscience de l'essence qui, elle, est bien un produit psychique[4]. Car dans le vécu de représentation lui-même, il n'est pas possible de trouver par analyse descriptive l'objet représenté et ce qui est vrai du dieu Jupiter qui n'est ni dans l'esprit qui l'imagine ni hors de lui est tout aussi vrai de Bismarck ou de la cathédrale de Cologne qui à titre d'« objets intentionnels » ne sont pas contenus dans les vécus par lesquels ils sont visés[5].

La non-réellité[6] du noème, comme celle de l'essence, ne doivent

1. Cf. *Hua XXIII*, p. 515 (trad. fr. p. 486).
2. *Ibid.*, p. 49 (trad. fr. p. 87). Voir également la page finale de la *Recherche VI*, le § 14 de la *Recherche V*, où il est fait allusion, sans que le nom de Böcklin soit évoqué, au « centaure dans le tableau », et surtout la 44e leçon de *Philosophie première* (Paris, PUF, 1972, tome II, pp. 158 sq.) dans laquelle Husserl prend comme exemple d'imagination libre un paysage où a lieu un combat de dragons et de centaures. Arnold Böcklin (1827-1901), dont on peut voir un certain nombre d'œuvres à Bâle, où il vécut un temps, a surtout peint des scènes mythologiques et fantastiques.
3. Cf. *Recherches logiques*, Paris, PUF, 1969, tome II, 1, Recherche I, § 8, p. 41
4. *Idées directrices*, *op. cit.*, § 23.
5. Cf. *Recherches logiques*, PUF, 1962, tome II, 2, Recherche V, § 11, pp. 175 sq.
6. Rappelons brièvement que pour Husserl, *real* a le sens de mondain et désigne ce qui est extérieur à la conscience tandis que *wirklich* (effectif) s'oppose simplement à présomptif. Quant à *reell*, il s'oppose à intentionnel : sont « réelles » en ce sens non seulement les composantes hylétiques mais aussi les formes noétiques d'appréhension, alors que leur « sens » ou « objet » intentionnel ne l'est pas.

cependant pas nous induire à en faire de pures fictions, car cela nous reconduirait purement et simplement au scepticisme dont toute la phénoménologie « noématique » veut montrer l'absurdité. Il faut cependant remarquer le privilège que Husserl, en mathématicien, est conduit à reconnaître à l'imagination par rapport à la perception en ce qui concerne cette science eidétique qu'est la phénoménologie. Déjà dans la sixième *Recherche*, Husserl montrait que les formes catégoriales reposent en dernière instance sur l'intuition sensible, car un concept quelconque ne peut nous être donné lui-même, précisait-il, « qu'en vertu d'un acte qui nous mette sous les yeux, *tout au moins imaginativement*, une chose singulière quelconque qui lui corresponde »[1]. Ce qui se trouvait ainsi invalidé, c'est l'idée d'une spontanéité pure de l'entendement qui imposerait de l'extérieur ses formes à une matière sensible inerte ; mais c'est aussi l'idée que tout devrait nécessairement commencer par la perception. Car ce qui doit être donné « au moins », c'est l'intuition imaginative, sur le fondement de laquelle il est parfaitement possible d'édifier un acte catégorial. Cette idée est reprise dans *L'idée de la phénoménologie*, où il est clairement affirmée qu'une appréhension de l'essence renvoie à une intuition singulière, mais non pas nécessairement à une perception singulière, et que l'idéation peut s'effectuer sur la base d'une présentification imaginaire, car la position d'existence lui est indifférente[2]. Ce que Husserl découvre dans cette présentification spécifique qu'est l'imagination, c'est la possibilité d'une suspension de la position de l'existence empirique de ce qui est alors visé comme présence non réelle dans un « quasi » vécu. Or pour être phénoménologue, tout comme pour être géomètre, il est nécessaire de s'installer dans cette position de neutralité à l'égard de toute existence empirique afin de se donner librement une multiplicité d'exemples à travers lesquels on pourra saisir l'invariant de l'essence. Husserl, dans un passage déjà évoqué des *Ideen I*, où il n'hésite pas à affirmer que « la fiction est la source où s'alimente la connaissance des "vérités éternelles" », souligne le « parti extraordinaire » que la phénoménologie

1. Cf. *Recherches logiques*, Paris, PUF, 1974, tome 3, Recherche VI, § 44, p. 174 (je souligne).
2. *L'idée de la phénoménologie, op. cit.*, pp. 92-93. Voir également *Idées directrices, op. cit.*, § 4.

peut tirer des exemples fournis par l'art et la poésie, de ces fictions qui s'élèvent bien au-dessus des créations de notre propre imagination par la puissance suggestive des moyens artistiques de représentation qu'elles mettent en œuvre [1].

Mais si la fiction est la voie d'accès à l'*eidos*, cela ne signifie nullement que l'*eidos* ne soit qu'une fiction. C'est ce que Husserl répond avec force à tous ceux qui, dans le camp positiviste, tourne en dérision l'idée de science eidétique. Car l'essence est un objet non empirique mais qui n'en a pas moins une « existence » idéale qui tranche radicalement avec l'inexistence, l'ineffectivité de l'« objet » fictif. On retrouve là l'idée directrice de la notion d'« intuition catégoriale », laquelle doit être comprise en analogie avec l'intuition sensible, c'est-à-dire comme conscience originaire, comme présentation de second degré qui doit être fondée sur la « neutralisation » du donné perceptif. La conscience donatrice originaire d'une essence est donc une spontanéité ou une activité édifiée sur une passivité. Ce qui implique que, du point de vue du mode de présence des essences à la conscience, il y a analogie entre intuition des essences et perception sensible, alors que la fiction est une modification de la présentation [2]. Or le noème participe de la même « existence eidétique » [3] qui ne devient accessible que par la réduction de l'existence empirique. Mais cet autre mode d'existence ne doit pas être compris comme renvoyant à l'existence mondaine dont il serait le signe ou l'image. C'est pourquoi Husserl insiste déjà dans la *Recherche V* sur l'absurdité qui consisterait à établir une différence réelle entre objet intentionnel et objet transcendant [4]. Car faire de l'objet intentionnel le signe ou l'image de l'objet transcendant consisterait à en faire le « représentant » mental de ce dernier. Or ce que le mentalisme est impuissant à expliquer, c'est ce qui fait d'une chose l'image ou le signe d'une autre : pour cela, la ressemblance, qu'elle soit iconique ou symbolique [5], n'est pas

1. *Idées directrices, op. cit.*, § 70, p. 227.
2. *Ibid.*, § 23.
3. *Ibid.*, § 135, p. 454.
4. *Recherches logiques, op. cit.*, tome II, 2, Appendice aux §§ 11 et 20, p. 231.
5. On peut en effet ici, pour distinguer le signe de l'image, utiliser un vocabulaire qui n'est pas propre à Husserl et emprunter cette distinction à Peirce.

suffisante, il faut qu'il y ait un acte de la conscience, une intentionnalité qui constitue le semblable comme représentant de ce à quoi il est semblable. Ce qui implique que le caractère iconique ou symbolique ne soit pas pour Husserl un caractère interne ou un prédicat réel de l'objet : le caractère d'image ou de signe, comme l'existence chez Kant, est le résultat d'une visée qui n'ajoute rien à l'objet visé mais le donne simplement selon un autre mode. Sinon on retombe dans une régression à l'infini, tout à fait comparable à celle que Platon dénonce dans son *Parménide* sous le nom d'argument du troisième homme[1]. C'est en effet à ce même argument que Husserl recourt lorsque, dans les *Ideen I*, il entreprend de réfuter la distinction entre objet intentionnel et objet transcendant : si l'on en fait deux réalités unies par un lien de ressemblance, il faut alors supposer un troisième élément qui les rattacheraient l'une à l'autre et ainsi de suite à l'infini[2].

Husserl est donc conduit à affirmer que l'image et le signe sont des modalités de la conscience qui s'opposent à la perception qui, elle donne l'objet « en chair et en os ». C'est en effet, selon Husserl, une erreur de principe que de croire que la perception n'atteint pas la chose même, mais seulement son image ou son signe et il est absurde à cet égard de supposer une différence entre notre perception finie et la perception de Dieu car cela impliquerait à nouveau la duplication de la chose en original (chose en soi) et en image ou signe de celle-ci (phénomène). Il y a donc une « différence eidétique infranchissable » entre la donnée vivante de la perception et la représentation par image ou par signe qui ne permet nullement d'installer, comme le fait l'empirisme, une simple différence de degré entre image, signe et perception, les premiers n'étant que des perceptions affaiblies[3]. À vrai dire, comme le souligne Jacques Derrida dans une note de *La voix et le phénomène*, « Husserl n'est pas *conduit* à reconnaître cette hétérogénéité [entre perception ou présentation originaire et présentification par image ou signe] : celle-ci constitue toute la possibilité d'une phénoménologie qui n'a de sens que si une présentation pure et originaire

1. Cf. Platon, *Parménide*, 132 b sq.
2. *Idées directrices, op. cit.*, § 90, pp. 312 sq.
3. *Ibid.*, § 43, p. 139.

est possible et originale »[1]. La phénoménologie en effet, en particulier sous sa figure transcendantale, ruine par l'*epokhè* l'idée même d'un réel qui serait distinct de la conscience et auquel celle-ci n'aurait pas un accès originaire et, en fondant l'irréductibilité de la présence en chair et en os sur la mise entre parenthèses du transcendant, elle rend à l'apparaître tous ses droits. Mais cela implique-t-il nécessairement que la perception soit pensée comme « présentation pure » et « présence pleine et simple » en opposition à l'infinie complication des itérations présentificatives ? La réhabilitation de l'apparaître à l'intérieur duquel est donnée « la chose même », l'identité réelle de l'objet intentionnel et de l'objet transcendant, conduisent bien Husserl à la réfutation de l'argument du rêve, mais pas nécessairement à l'affirmation d'une simplicité et d'une plénitude de la perception. Et comment la réintroduction de la *différance* du « signe » au cœur de l'« originaire » qui a pour effet de nous enfermer dans la galerie de Dresde et de nous livrer à la dérive infinie des re-présentations pourrait-elle être autre chose qu'une retombée dans la *Repräsentationstheorie* et un retour au fictionalisme empiriste ou à la dualité kantienne de la chose en soi et du phénomène ?[2] Cette contamination ou complication originaire de l'origine[3] que Jacques Derrida oppose à la simplicité et à la pureté d'une « phénoménologie de la perception » a pourtant, comme il le souligne bien[4], dû être reconnue par Husserl lui-même sans que cela le conduise pour autant à l'abandon de sa théorie de la constitution. Ne peut-on en effet, *de l'intérieur*, y reconnaître à l'inconstituable ses droits ? Et n'est-ce pas ce que fait Husserl lorsqu'il nomme pourtant « perception » l'appréhension de ce qui ne se donne que sous le mode médiat de l'apprésentation, à savoir la transcendance non seulement

1. *La voix et le phénomène, op. cit.*, pp. 49-50, note 1.
2. *Ibid.*, pp. 51 ; 116-117. Dire que « la perception n'existe pas » redonne toutes ses chances au fictionalisme et que « la chose même se dérobe toujours » toutes les siennes à la réserve kantienne de l'inconnaissabilité de l'en soi.
3. J. Derrida, *Le problème de la genèse dans la philosophie de Husserl*, Paris, PUF, 1990, pp. VI-VII.
4. Cf. *La voix et le phénomène, op. cit.*, par exemple pp. 91-94 où « la face traditionnelle du discours husserlien », qui reprend à son compte les oppositions métaphysiques, est opposée à cette autre face où la subjectivité absolue s'annonce comme innommable.

de la chose mais aussi de l'*alter ego*[1] ? Que la présentification travaille dès l'origine la perception, c'est ce que reconnaît en effet Husserl lui-même lorsqu'il met l'accent sur les implications intentionnelles[2] par lesquelles la perception s'ouvre originairement à ce qui excède toute visibilité et tout apparaître. À la nuit de l'absence, où rien n'est à voir, Husserl oppose, non pas le plein jour de la présence, où tout serait également donné à voir, mais la possibilité de cette double vue, de ce strabisme originairement divergent qui fait du visible l'envers de l'invisible, du réel le support neutre de l'imaginaire, et qui permet de voir la forme « comme si » elle était un contenu.

3. *Phénoménologie et neutralité*

Car il ne suffit pas pour comprendre le mode d'être de la fiction et de l'image, que celles-ci soient « internes » ou « externes » – on peut dire que toute l'originalité de l'approche phénoménologique de l'imagination tient précisément au fait que Husserl réunit dans une même problématique deux questions qui étaient demeurées séparées jusqu'à lui : celle du *phantasma* qui nous vient du *Peri psychès* d'Aristote et celle

1. Cf. E. Husserl, *Philosophie première*, Paris, PUF, 1972, tome 2, pp. 86 sq. Dans ce passage, Husserl distingue la perception de la chose transcendante qui inclut toujours en elle du co-perçu et a donc par là une structure anticipative, susceptible de remplissement ultérieur, de la *perception par interprétation originaire* d'autrui de structure irréductiblement indicative qui « n'exige ni ne rend possible une perception qui viendrait l'honorer » mais « *qui en fonction de sa nature mérite encore d'être appelée perception* » (je souligne). On voit clairement ici qu'à l'impossibilité de l'expérience perceptive, c'est-à-dire de la présentation, Husserl a opposé la perception comme expérience d'une impossibilité, c'est-à-dire d'un imprésentable, en allant dans le sens d'une phénoménologie de l'inapparent.
2. *Ibid.*, 47e leçon, pp. 185-194 et pp. 240 sq. La reconnaissance de l'implication des intentionnalités médiates dans la perception que la conscience transcendantale a de soi-même permet de comprendre que la subjectivité ne peut nullement être comprise selon le modèle de la réalité objective précisément parce que son auto-donation connaît des degrés d'immédiateté et de médiateté relatives qui la mettent pour ainsi dire à distance d'elle-même. Cette médiateté introduite au cœur même de la sphère du présent « ne nous empêche point de parler d'une perception de soi concrète et d'un présent concret » et ne conduit pas Husserl à la critique de la notion de présence, mais bien plutôt à son élargissement.

de l'*eidôlon* qui nous vient de Platon –, d'opposer simplement la présentation (*Präsentation ou Gegenwärtigung*) de la chose même dans sa présence corporelle vivante (*in seiner Leibhaftigkeit*) à la présentification (*Vergegenwärtigung*) et à ses différentes modalités qui ont pour effet de rendre présent l'inactuel. Il faut en plus bien marquer ce qui constitue la spécificité de la présentification imaginative. C'est ce que Husserl a en vue dans les *Ideen I*[1] lorsque l'analyse intentionnelle, jusqu'ici tournée vers l'acte noétique ou la structure du vécu, s'oriente dans la direction noématique et s'attache à marquer les différences de modalités dans le remplissement des intuitions. Parmi les présentifications, Husserl distingue en effet le souvenir (*Erinnerung*) qui est une modification simple de la perception, la chose passée se donnant comme ayant-été-présente, l'imagination libre *(Phantasie)* qui est elle aussi une modification simple de la perception, mais qui est un acte neutre, dépourvu du caractère positionnel du souvenir, la présentification par portrait (*Bildbewußtsein*), qui correspond à la fonction substitutive de l'image, que celle-ci soit « interne » ou « externe », et qui renvoie elle aussi à la modification de neutralité, enfin les représentations par signes qui forment un groupe à part puisqu'elles ne font pas partie de la classe des intuitions. Il faut à cet égard rappeler la grande opposition, que Husserl reprend de Brentano, entre pensée « authentique » ou intuitive, qui correspond à la donation évidente de l'objet et comprend un acte de remplissement et dont font partie, à côté de la perception, l'imagination et le souvenir, et pensée « inauthentique » qui correspond au domaine beaucoup plus vaste de la signification et au mode de donation à vide de la pensée symbolique. On a donc affaire à trois niveaux distincts : présentation, présentification intuitive, symbolisation, et la distinction de ces niveaux concerne le sens noématique de chacun de ces actes noétiques : ils peuvent avoir le même « noyau » de sens, c'est-à-dire viser le même objet, mais le noème « complet » n'est pas le même dans les trois cas puisque le *mode* de donation de l'objet diffère. On voit bien qu'ici, la question perti-

1. Cf. *Idées directrices, op. cit.*, 3e section, chapitre IV : Problématique des structures noético-noématiques.

nente, ce n'est pas celle du *quid*, mais du *quomodo*, et que la théorie des modifications relève d'une orientation « objective » de la phénoménologie qui s'interrogeant sur le rapport du sujet à l'objet, sur les structures noético-noématiques, sort de la limitation « subjective » de la psychologie descriptive.

Or ce qui caractérise la présentification au sens large (incluant la représentation par signes), c'est la possibilité d'une mise en abyme et d'un redoublement infini dont l'exemple évoqué par Husserl du souvenir de la galerie de Dresde donne une illustration saisissante, puisqu'elle conjoint une représentation par signe (le nom prononcé devant nous) et par portrait (le tableau dans le tableau). Cette « réflexion étonnante »[1] qui s'exerce dans les présentifications constitue « pour ainsi dire une intentionnalité propre au noème »[2], puisque, pour prendre le cas de la présentification la plus simple, dans le souvenir de souvenir, c'est l'objet même du souvenir qui renvoie intentionnellement à un autre souvenir de second degré. La présentification qui est la reproduction de l'acte originaire de la perception est en effet par essence répétable. Mais pour Husserl cette mise en abyme suppose toujours le renvoi, à chacun de ses degrés, à la donation originaire sur laquelle toute présentification, en tant que modification intentionnelle, se fonde. Ce qui caractérise cependant la présentification par rapport à ce qu'a de relativement contraignant la perception, c'est la « liberté de la reproduction »[3] que permet justement l'absence de la donnée « en chair et en os » de la chose. Cette liberté, il faut le souligner, ne vient pas de l'absence de tout donné sensible, laquelle rendrait toute pensée impossible, mais de ce qu'il y a, dans la présentification intuitive, l'arbitraire d'un volontarisme qui me permet de reproduire aussi souvent que je le veux et à la vitesse que j'ai choisie une séquence ayant été perçue. Et cette liberté est encore plus grande dans la conscience de signe, puisque dans ce cas le support sensible est arbitrairement choisi et peut n'avoir aucun lien nécessaire de ressemblance avec ce qu'il désigne. La présentification

1. Cf. *Idées directrices, op. cit.*, 3e section, chapitre IV, § 100, p. 350.
2. *Ibid.*, p. 351.
3. Cf. E. Husserl, *Leçons sur la phénoménologie de la conscience intime du temps, op. cit.*, § 20, pp. 66 sq. C'est ce sur quoi Sartre mettra unilatéralement l'accent dans *L'imaginaire.*

au sens large consiste en effet dans la répétition d'une présence originaire qui se donne maintenant sous le mode du quasi-présent, et cette modification de la présence originaire apparaît aussi à Husserl comme « suffisamment étonnante »[1] pour que le terme même de présentification soit davantage « le titre d'un problème » que l'indication d'une solution.

Il ne suffit pas pourtant pas de faire intervenir la différence eidétique entre présentation et présentification pour rendre compte de la conscience *purement* esthétique. La perception en effet n'est pas seulement présentation, mais elle est aussi *position*, et l'analyse noématique doit, à côté des caractères noématiques qui ont trait aux modes de présence, faire place à d'autres caractères noématiques qui concernent les modes de croyance. C'est à ce niveau-là qu'apparaît la liberté proprement phénoménologique, qui n'est pas tant une possibilité de rendre présent l'absent (présentification) que celle de s'abstenir de toute position (neutralisation). À la série des modifications positionnelles qui renvoient toutes à la proto-doxa de la certitude qui a pour corrélat la proto-forme de l'être réel s'oppose la modification de neutralité, qu'il ne faut confondre ni avec la supposition, ni avec le doute, ni avec la négation qui sont encore des thèses : c'est elle qui est impliquée dans l'*epokhè* et qui commande la réflexion transcendantale par laquelle le phénoménologue s'institue en spectateur désintéressé de la pure phénoménalité du monde. Or ce qui s'avère ici, de l'aveu même de Husserl, « déroutant », c'est que l'imagination n'est pas seulement un type particulier de présentification mais aussi « une modification de neutralité » et qu'en tant que telle elle est une « modification universelle » qui peut s'appliquer à tous les vécus[2] au sens où tout vécu est susceptible de devenir l'objet d'une « simple représentation ». On ne peut pourtant pas confondre purement et simplement modification de neutralité et imagination parce que cela impliquerait que tout acte

1. Cf. *Idée directrices, op. cit.*, p. 209. Comme le fait remarquer Maria M. Saraiva dans sa remarquable étude sur *L'imagination selon Husserl* (La Haye, Nijhoff, 1970), p. 159, note 44, la traduction de « *merkwürdig genug* » par « de façon suffisamment caractéristique » est discutable, car c'est ce même terme de *merkwürdig* que Husserl utilisait pour qualifier la réflexion susceptible d'un redoublement infini qui s'exerce dans la présentification.

2. *Ibid.*, p. 224.

positionnel soit non imageant, ce qui ne permettrait pas de rendre compte de tous les cas où l'image est la copie d'un objet réel. C'est par exemple le cas, déjà envisagé dans les *Recherches logiques*, des figures de cire de Napoléon ou de Bismarck[1] qui renvoient à des êtres réels ayant existé : dans ce cas, la présentification imageante est positionnelle car le caractère de croyance qui appartient à la perception originaire n'y est pas modifié. Toutes les fois qu'un tableau est perçu comme un simple portrait, comme la copie (*Abbild*) d'une réalité, nous demeurons dans l'attitude doxique, ce qui implique que nous allions au-delà du portrait pour viser un objet qui n'est pas présent : ce qui est visé à travers son *Analogon*, c'est Napoléon lui-même. Une telle attitude peut-elle être considérée comme esthétique ? Husserl se posait déjà la question en 1905 à propos d'un tableau du Titien qui représente l'amour céleste et l'amour terrestre : peut-on dire de cette œuvre qu'elle est un portrait de l'amour et que celui-ci est le sujet qui y est reproduit ? Et Husserl concluait déjà son analyse par ces mots : « Ce qui m'intéresse dans ce tableau, c'est là, ce n'est pas indirectement représenté »[2].

Pour que le tableau s'offre à nous de manière purement esthétique, il faut en effet que soit mise hors jeu toute position d'existence. Pour cela il faut que l'image ne soit plus considérée dans sa fonction reproductive ou « présentative » de quelque chose d'autre[3] : il faut qu'elle apparaisse comme une « fiction perceptive », comme un irréel. Il est donc nécessaire, en d'autres termes, qu'à côté de l'imagination reproductrice, on considère aussi l'imagination créatrice de fiction dans son pouvoir irréalisant. Or l'image « interne », contrairement à l'image-portrait, est immédiatement comprise, dans son opposition avec le ressouvenir qui situe l'objet reproduit par rapport au mainte-

1. *Recherches logiques*, *op. cit.*, II, 1, p. 250.
2. *Hua XXIII*, p. 155 ((trad. fr. p. 177).
3. *Ibid.*, pp. 474-475 (trad. fr. pp. 451-452). Husserl, dans ce texte de 1912, affirme la « communauté d'essence » de la *Darstellung* (traduite ici par « figuration ») avec la symbolisation et la reproduction. Bien qu'il maintienne ce terme par la suite, après avoir abandonné l'idée que l'essence des arts plastiques est la reproduction, on peut se demander s'il doit véritablement être conservé comme concept directeur d'une phénoménologie de l'art. Voir à ce sujet dans « Esthétique et herméneutique » le sens particulier que donne Gadamer à ce concept.

nant actuel, comme possédant un caractère d'inactualité qui la rend « flottante ». Il ne faut donc pas s'étonner de voir Husserl définir l'imagination en général comme « la modification de neutralité appliquée à la présentification positionnelle », c'est-à-dire au souvenir au sens le plus large. Il y a donc deux sortes de présentifications : les positionnelles, qui sont aussi reproductives, et les neutralisées, qui sont aussi irréalisantes. On a d'un côté le souvenir et la conscience de portrait, de l'autre l'image libre et la conscience esthétique[1].

Car ce qui caractérise la conscience esthétique pour Husserl, c'est l'absence de question à l'égard de l'être ou du non-être de ce qui apparaît directement ou en image (*Bild*)[2]. Le regard intentionnel n'est alors dirigé que sur le mode d'apparaître de l'objet. Ce qui ne signifie pas simplement d'en rester à la « simple représentation » par opposition à la réalité, mais veut dire que le sentiment esthétique s'en tient à l'apparaître même sans aller au-delà et ne vise l'objet que « pour l'amour de l'apparition » (*um der Erscheinung willen*)[3]. On comprend dès lors, que dans un texte plus tardif, Husserl aille jusqu'à affirmer : « L'essentiel, pour l'attitude esthétique, n'est donc pas l'imagination *(Phantasie)*, mais l'attitude par rapport à ce qui est esthétiquement intéressant, l'objectité dans son mode (*Gegenständlichkeit im Wie*) »[4]. Si dans l'attitude esthétique, l'intérêt ne porte pas sur la réalité, cela ne veut pas simplement dire qu'on s'installe dans la fiction, car là encore l'intérêt est centré sur l'objet en tant que non existant, tandis que « l'intérêt esthétique porte sur l'objet représenté dans le mode de l'être-représenté, sans intérêt pour son existence elle-même ou sa quasi-existence »[5]. On peut donc se demander si la reproduction par l'image (*die Abbildlichkeit*) a une fonction esthétique. Husserl, dans un texte de 1918, repose cette question en prenant l'exemple de la représenta-

1. Je suis ici, en la résumant, l'analyse rigoureuse de M. Saraiva, *op. cit.*, pp. 204-216, à laquelle je ne puis que renvoyer.
2. *Hua XXIII*, p. 386-87 (trad. fr. pp. 373-374). Texte de 1912.
3. *Ibid.*, p. 392 (« par égard pour l'apparition » dit la traduction française p. 378).
4. *Ibid.*, p. 591 (trad. fr. modifiée p. 551). Additif daté de 1921 ou 1924.
5. *Ibid.*, p. 586 (trad. fr. modifiée p. 546). Texte également daté de 1921-24 : « *Das ästhetische Interesse geht auf den dargestellten Gegenstand im Wie der Dargestelltheit, ohne Interesse für seine Existenz selbst und quasi-Existenz* ».

tion théâtrale où, précise-t-il, on trouve bien des « images » (*Bilde*) mais on pas des copies (*Abbilde*), car ce que l'acteur fait apparaître par son jeu, c'est un pur *fictum* perceptif (*ein reines perzeptives Fiktum*)[1]. Au théâtre, « nous vivons dans la neutralité », ce qui implique que nous sommes d'emblée transportés dans l'illusion artistique sans avoir eu besoin, comme c'est le cas lorsque nous sommes « le jouet » d'une illusion au sens habituel du mot, de modifier en la biffant une perception s'avérant contradictoire avec le reste du cours de l'expérience. C'est en effet de manière « passive » que tout ce qu'on y voit a le caractère de la néantité (*des Nichtigen*) sans que nous ayons eu besoin de nier ou de biffer activement le réel. Mais le fait que nous soyons d'emblée sur le terrain de l'apparence esthétique et que nous n'accomplissions aucune position de réalité positive ou négative ne veut pas dire que nous n'accomplissions absolument aucune position. Au contraire, nous participons pleinement à l'action mais sur le mode du « comme si ». Car dans cette attitude qui nous fait vivre dans un monde d'image (« *Bild* »-*Welt*), nous n'avons affaire à rien de réel, bien que le fictif s'y présente sous une forme perceptive. C'est par exemple le cas des meubles de scène qui, bien qu'étant des meubles « réels », n'en sont pas moins des meubles imaginaires, des *ficta*, puisqu'ils n'ont d'utilité que par rapport aux personnages de la fiction qui ont beau s'asseoir réellement sur de « vraies » chaises, mais n'en accomplissent pas moins par là un mouvement imaginaire. Ainsi l'art nous présente-t-il « une abondance infinie de fictions perceptives » qui, mises en action par l'artiste, nous sont prescrites et imposées de manière analogue aux choses de la réalité, comme quelque chose que nous devons passivement accepter[2].

Mais qu'est-ce qui permet la pénétration immédiate dans le monde irréel de l'art sans que nous ayons à accomplir activement la négation de l'expérience réelle, laquelle demeure constamment masquée

1. *Hua XXIII*, p. 515 (trad. fr. p. 487). Husserl rejoint ici Aristote qui, dans sa *Poétique*, ne donne pas un sens reproductif, mais au contraire « phénoménologique » à la *mimèsis*. Pour Aristote aussi, le plaisir esthétique ne provient pas de la comparaison de la copie avec l'original, mais de la saisie uniquement dans et par l'image de ce qu'elle doit représenter (1448 b).
2. *Ibid.*, p. 519 (trad. fr. p. 489).

(*verdeckt*) dans l'attitude esthétique ? Ce n'est évidemment rien d'autre que cette double possibilité qu'a la conscience de s'accomplir comme conscience positionnelle et comme conscience neutre parce qu'elle est traversée par une coupure radicale selon laquelle tout cogito se voit doublé de sa contre-partie inagissante et tout noème se voit opposé son contre-noème « inactuel »[1]. C'est de cet écart de la conscience par rapport à ses propres « prestations », de cette impropriété originaire d'un cogito neutre que naît la phénoménologie. Mais cette possibilité d'un double regard intentionnel ne se confond cependant pas avec la « réflexion étonnante » de la mise en abyme : Husserl montre au contraire que la modification de neutralité, contrairement à la modification présentificative, ne peut, par essence, pas se redoubler[2]. Ce dédoublement du moi par lequel la conscience devient son propre spectateur transcendantal n'a en effet rien à voir avec le redoublement dans un autre acte d'un acte présentifiant. La modification de neutralité n'est pas une modification particulière, elle est la possibilité pour la conscience de ne pas poser, de ne pas « agir » réellement, et de demeurer dans cette inactualité foncière que Husserl a d'abord caractérisée comme une anaxiose[3]. C'est dans ce suspens de toute axiologie, de toute valorisation de l'existence[4], que se rejoignent alors l'artiste et le phénoménologue, pour célébrer, chacun à leur manière, cette fête du pur apparaître dont la phénoménologie, en tant que « métaphysique de la neutralisation », est la doctrine.

1. *Idée directrices, op. cit.*, § 114, p. 383.
2. *Ibid.*, § 112.
3. *Hua XXIII*, par exemple p. 360 (trad. fr. p. 353) où il est question, dans un texte datant de 1912 d'une « *anaxiontische Stellung* ».
4. Comment ne pas penser ici à nouveau à Nietzsche : « Des jugements, des jugements de valeur sur la vie, pour ou contre la vie, ne peuvent en fin de compte jamais être vrais : ils ne valent que comme symptômes, ils ne méritent d'être pris en considération que comme symptômes, car en soi, de tels jugements ne sont que sottises. Il faut se donner la peine de toucher du doigt, essayer de saisir cette surprenante *finesse* : *la valeur de la vie ne saurait être évaluée* » (*Le crépuscule des idoles*, Paris, Gallimard, 1974, pp. 26-27).

Art et vérité chez Heidegger

En 1935, l'année où Heidegger fit cours sur l'*Introduction à la métaphysique*, il prononça le 13 novembre dans le cadre de la Société des sciences de l'art de Fribourg une conférence sous le titre « De l'origine de l'œuvre d'art ». Il donna à nouveau la même conférence en janvier 1936 à Zürich à l'invitation des étudiants de l'université. C'est cette conférence originale qu'il développa et présenta en trois séances au Freier Deutscher Hochstift de Francfort les 17, 24 novembre et 4 décembre 1936 et qu'il publia en 1950, avec l'adjonction d'une Postface, sous le titre « L'origine de l'œuvre d'art » dans le recueil intitulé *Chemins qui ne mènent nulle part*[1] en 1950. En 1956, Heidegger rédigea un Supplément dans lequel il apporte d'importants éclaircissements.

Le texte de la conférence originale de 1935 ne fut pas publié, mais Heidegger le donna à lire à quelques amis, en particulier à Jean Beaufret, qui le communiqua à certains de ses élèves, et c'est l'un d'entre eux, Emmanuel Martineau, qui décida en 1987 de le publier

1. Cf. M. Heidegger, « Der Ursprung des Kunstwerkes », *Holzwege*, Frankfurt am Main, Klostermann, 1950, pp. 7-68 ; traduction française : « L'origine de l'œuvre d'art » (Supplément inclus), *Chemins qui ne mènent nulle part*, Paris, Gallimard, 1980, pp. 13-98. Dans le volume 5 de l'édition complète des œuvres de Heidegger (*Gesamtausgabe*), paru en 1978, le texte « L'origine de l'œuvre d'art » est publié dans sa version modifiée parue en 1960 aux éditions Reclam. Il inclut le suplément rédigé en 1956 et les notes portées par Heidegger sur son exemplaire personnel entre 1960 et 1976. La pagination de l'édition de 1950 est indiquée dans les marges du volume 5 de la Gesamtausgabe, qui sera cité au moyen de l'abréviation *HW, GA* 5.

accompagné de sa traduction française[1]. Le texte de la version de Fribourg représente moins d'un tiers de l'essai finalement publié et c'est précisément à cause de ce caractère plus compact qu'il est pris ici comme base de travail[2] de l'analyse de la conception heideggérienne de l'art dont seront examinés ici les concepts et les thèmes fondamentaux. Ce à quoi vise cette analyse, c'est la mise en lumière du motif philosophique central qui est à l'origine de l'apparition du thème de l'art dans la pensée de Heidegger au milieu des années trente, à savoir une nouvelle conception de la vérité.

1. *Le concept d'œuvre*

Il constitue le concept directeur de la version de Fribourg, par opposition à la version de Francfort qui n'aborde la question de l'œuvre qu'après un détour initial par celle de la chose. Heidegger part en effet, dans la première section du texte publié en 1950, de l'analyse de l'outil, afin de distinguer la chose et l'œuvre, de sorte que le chemin qui mène d'*Être et temps* à la question de l'œuvre se voit plus clairement tracé en 1936. Dans la version de Fribourg, Heidegger demande à ses auditeurs d'accomplir ce qui semble être un saut arbitraire pour se placer d'emblée sur le plan de l'œuvre d'art : « Tout dépend de ceci : que nous prenions l'élan convenable pour ce saut. Nous l'accomplissons maintenant en commençant par indiquer de manière immédiate et apparemment arbitraire et à l'aide d'indications grossières les traits essentiels de l'être-œuvre de l'œuvre »[3].

1. Cf. M. Heidegger, *De l'Origine de l'œuvre d'art, Première version inédite* (1935), texte allemand inédit et traduction française par E. Martineau, Paris, Authentica, 1987. (Noté par la suite *VF* pour « version de Fribourg »). Cette publication fut faite sans l'accord de Klostermann, l'éditeur allemand des œuvres complètes de Heidegger, et elle n'est par conséquent pas disponible dans les librairies. La conférence de novembre 1935 a elle-même été précédée par une esquisse datant de la même année qui a été publiée dans les *Heidegger Studies*, Duncker & Humblot, Berlin, Volume 5, 1989, pp. 7-22.
2. Un séminaire commun portant sur cette version de Fribourg nous a réunis, Michel Haar et moi-même, à la Sorbonne pendant le semestre d'été 1987, au cours duquel nous avons tenté de présenter une lecture systématique de ce texte.
3. *VF*, p. 24 (traduction modifiée).

Quelle est la raison qui a incité Heidegger à mettre directement l'accent sur l'œuvre en 1935 ? L'analyse de la quotidienneté en 1927 ne pouvait pas conduire à la question de l'art, dont le mot même semble absent d'*Être et temps*, la seule référence à l'art se trouvant dans le § 42, où il est question d'une fable latine, qui constituerait le témoignage pré-ontologique selon lequel le *Dasein*, l'existant, se comprend originellement comme souci. Il n'y a, semble-t-il, avant le milieu des années trente – et en particulier le cours du semestre d'hiver 1934-1935 consacré aux *Hymnes* de Hölderlin[1], où Heidegger expose pour la première fois sa conception de la poésie –, qu'une seule autre référence explicite à l'art : dans le cours du semestre d'hiver 1925-1926, où Heidegger fait référence, à propos du schématisme kantien, aux tableaux de Franz Marc représentant des chevreuils dans la forêt[2]. Mais ici, l'art est considéré dans la dimension de la représentation ou de la figuration, de la *Darstellung*, la représentation artistique constituant un cas particulier de la schématisation, de sorte qu'il est possible de dire, dans ce cas précis, que dans le tableau de Franz Marc, c'est le concept de chevreuil qui est représenté, à condition toutefois de faire une différence stricte entre le concept théorique (le chevreuil comme espèce zoologique) et le concept herméneutique (le chevreuil en tant qu'habitant de la forêt, l'être-dans-la-forêt du chevreuil). L'art peut par conséquent être considéré dans cette perspective comme la représentation d'un concept herméneutique.

Mais, en 1935, l'art n'est plus compris dans la perspective de la représentation. Heidegger déclare en effet que « l'œuvre d'art ne (re)présente jamais rien, pour la simple raison qu'elle n'a rien à (re)présenter, parce que l'œuvre crée tout d'abord ce qui entre pour la première fois grâce à elle dans l'ouvert »[3]. Il ne faut pas dire que l'art

1. Cf. M. Heidegger, *Les Hymnes de Hölderlin :* La Germanie et Le Rhin, Paris, Gallimard, 1988.
2. M. Heidegger, *Logik. Die Frage nach der Wahrheit*, GA Band 21, Klostermann, Frankfurt am Main, 1976, pp. 364 sq.
3. *VF.*, p. 52 (traduction modifiée). Le verbe *darstellen* est traduit ici par (re)présentation pour indiquer qu'il ne s'agit pas d'une re-production, mais bien d'une présentation dans le sensible, ou encore d'une figuration d'un contenu intelligible. Voir plus bas, note 2, p. 53.

est une *(re)présentation* ontologique, mais bien plutôt qu'il est un *accomplissement* ontologique. Dans l'*Introduction à la métaphysique,* cours prononcé lui aussi en 1935, nous trouvons déjà l'idée que la *technè*, comprise comme un savoir, est la capacité de « mettre en œuvre l'être comme un étant qui soit à chaque fois tel ou tel »[1]. L'œuvre d'art n'est pas une œuvre parce qu'elle est *effectuée*, mais parce qu'elle *effectue* l'être dans un étant[2]. Il est important de remarquer que le savoir lui-même est compris comme une effectuation, ce qui permet de considérer l'interprétation de l'essence de l'œuvre par Heidegger comme une compréhension en profondeur de ce qu'est le schématisme[3]. L'art est *technè* dans le sens grec de ce mot qui signifie savoir – et non pas dans son sens moderne de production –, parce qu'il porte l'être à la stabilité et la manifestation dans l'œuvre d'art en tant qu'étant. C'est pourquoi l'œuvre d'art peut être définie comme « l'être étant » – *das seiende Sein* – et comme ce qui donne à toutes choses leurs limites et leurs déterminations[4]. L'art ne peut donc plus être considéré comme venant après la nature, mais au contraire comme initial et originel (*anfänglich*).

2. *La démarche circulaire de la conférence*

Dans l'introduction de la version de Fribourg, Heidegger rejette deux interprétations de l'origine de l'œuvre d'art. La première consiste à voir en l'artiste l'origine de l'œuvre, alors qu'il en est simplement la cause. La comparaison des deux mots, origine, *Ursprung*, et cause, *Ursache*, est en elle-même fort significative. Si l'œuvre d'art est

1. M. Heidegger, *Introduction à la métaphysique*, Paris, PUF, 1958, p. 173.
2. *Ibid.*
3. Kant dit d'ailleurs lui-même dans la *Critique de la raison pure* que « le schématisme est un *art* caché dans les profondeurs de l'âme humaine » (je souligne), de sorte que la connaissance en tant que processus par lequel une intuition est subsumée sous un concept est déjà comprise comme un art, une mise en œuvre de l'horizon ou du schéma dans lequel quelque chose peut apparaître en tant que tel ou tel. Par sa doctrine du schématisme, Kant montre donc que pour lui connaître implique un processus de mise en œuvre et non pas une réceptivité purement passive de ce qui est donné.
4. Cf. *Introduction à la métaphysique, op. cit.*, p. 173.

considérée comme un produit (*Erzeugnis*), l'artiste sera compris comme sa *causa efficiens*, c'est-à-dire comme la « chose » qui vient originellement, avant le produit lui-même, à savoir l'*Ur-sache*, alors que l'origine, *Ur-sprung*, n'est pas une chose originelle, mais le fondement (*Grund*) duquel jaillit (*springt*) l'œuvre d'art et ce qui la rend possible et nécessaire.

Il ne s'agit donc pas de chercher l'origine dans l'œuvre considérée comme un produit, mais dans la présence donnée (*die Vorhandenheit*) de l'œuvre. Mais nous n'avons aujourd'hui accès aux œuvres d'art qu'à travers l'exploitation organisée de l'art (*Kunstbetrieb*) qui les met à notre disposition et les rend intelligibles pour nous. Leur exposition dans les musées ou dans les shows touristiques transforme la qualité de leur présence : elles sont maintenant présentes (*vorhanden*) du seul fait qu'elles deviennent les objets d'un plaisir artistique (*Kunstgenuss*), lequel est la contrepartie subjective du marché de l'art. La question de l'origine de l'œuvre d'art ne peut pas se poser si l'on reste sur le plan de l'œuvre d'art considéré comme un objet. Mais d'autre part, être capable de reconnaître que l'œuvre d'art n'est ni un produit ni un objet présuppose que l'on a déjà un savoir implicite de ce qu'*est* l'œuvre d'art. Or l'essence de l'œuvre d'art est précisément ce qui rend l'œuvre d'art possible et nécessaire, elle est son fondement ou son origine, de sorte que Heidegger a raison d'affirmer que « ce que nous cherchons, nous devons déjà l'avoir, et ce que nous avons, c'est cela que nous devons chercher »[1]. Et un peu plus loin dans le cours de la conférence[2], il revient à la même idée, en déclarant que celui qui prétendrait pouvoir éviter ce mouvement circulaire tricherait. La dérivation de l'essence de l'art à partir de concepts plus fondamentaux ou l'induction de l'essence de l'art par voie de comparaison entre les diverses sortes d'œuvres d'art impliquent toutes deux par avance la connaissance de cette essence. Il nous faut en effet savoir ce qu'est une œuvre d'art afin de différencier les œuvres d'art et de les comparer les unes aux autres. Et il nous faut aussi avoir une idée de l'essence de l'art si nous voulons la dériver à partir de concepts plus originels.

1. *VF.*, p. 24.
2. *Ibid.*, p. 36.

Cette situation est la situation herméneutique typique et elle constitue le niveau de la pré-compréhension de l'art. Dans *Être et temps*, Heidegger montre que l'explicitation de la compréhension de quelque chose implique une triple présupposition : un acquis préalable (*Vorhabe*), une vue préalable (*Vorsicht*), et une saisie préalable (*Vorgriff*)[1]. La compréhension doit donc se précéder elle-même parce qu'il est nécessaire de projeter auparavant un horizon de sens à l'intérieur duquel quelque chose peut être rencontré *en tant que* ce qu'il est. La structure d'anticipation (*Vorstruktur*) et la structure d'explicitation (*Alsstruktur*) ne peuvent pas être dissociées, et c'est là la raison pour laquelle tenter d'éviter le cercle de la compréhension ou le considérer comme une imperfection constitue une incompréhension de ce qu'est la compréhension.

Le problème n'est pas en effet de sortir du cercle, mais au contraire d'y entrer de la bonne manière, disait déjà Heidegger dans *Être et temps*[2]. Mais en quoi consiste la « bonne » manière d'y entrer ? En un saut : telle est la réponse donnée par la conférence de Fribourg, et ce saut consiste précisément à choisir un exemple déterminé d'œuvre d'art, celui d'un temple grec, c'est-à-dire d'une œuvre non figurative qui ne peut donc pas faire référence à la représentation, comme Heidegger le souligne dans la version de Francfort : « Nous choisissons à cet effet et à dessein une œuvre qu'on ne compte pas parmi les œuvres de l'art figuratif. Un bâtiment, un temple n'est à l'image de rien »[3]. Le temple grec ne représente rien, il se tient simplement là, dans sa pure immanence (*Insichstehen*). Par un tel saut (*Sprung*), nous avons directement atteint l'origine (*Ur-sprung* signifie littéralement saut originaire), une origine que Heidegger définit comme l'être-ouvert du Là qui n'est autre que cette essence de la vérité que les Grecs nommèrent *alètheia*[4].

Ce qui constitue l'origine ou le fondement de l'œuvre d'art, c'est donc l'instauration poétique d'un Là toujours singulier, le projet d'un

1. Cf. M. Heidegger, *Sein und Zeit*, Niemeyer, Tübingen, 1963, § 32 ; trad. fr. *Être et temps*, Paris, Gallimard, 1986 (noté par la suite *SZ*).
2. *Ibid.*, p. 153.
3. M. Heidegger, *Chemins qui ne mènent nulle part, op. cit.*, pp. 43-44.
4. *VF.*, p. 34.

Dasein toujours historial[1]. L'art est une origine non seulement parce qu'il est le fondement de la possibilité et de la nécessité de l'œuvre d'art singulière, mais aussi et surtout parce qu'il est une origine de la vérité en tant que mise en œuvre de la vérité[2]. Il y a certes d'autres manière pour la vérité d'advenir : à côté de l'œuvre, il y a l'acte de fondation de l'état, et aussi la pensée ; sur le même plan que l'artiste, il faut donc mettre l'homme politique et le penseur.

Avec cette définition de l'essence de l'art comme devenir de la vérité, la conférence a atteint son tournant (*Wendepunkt*)[3]. Nous sommes jusqu'ici allés de l'œuvre à son origine, il nous faut maintenant faire retour de l'origine vers l'œuvre, mais en empruntant un autre chemin, celui de la méditation sur le caractère initial de l'origine dans son rapport à l'essence de la création. Celle-ci doit être comprise comme le maintien de l'ouverture du Là toujours singulier plutôt que comme une fabrication ou une production. Il nous faut donc revenir à l'œuvre et à l'artiste, mais en tant que création et créateur et non plus en tant que production et producteur. L'artiste est alors considéré comme l'instigateur du conflit (*Streit*) qui a lieu *en tant qu'*œuvre d'art[4]. Nous sommes donc revenus au point de départ de la conférence, mais nous le voyons maintenant dans une tout autre lumière : l'œuvre d'art n'est pas une sorte particulière de produit (un produit qui serait « allégorique »), mais une création, et en tant que telle elle est l'instauration de l'histoire.

3. *L'art et le passé*

L'œuvre d'art est caractérisée comme « ayant été », ce qui n'est pas seulement le cas des œuvres exposées dans les musées – Heidegger donne à cet égard comme exemples les fameuses statues d'Égine du Musée de Munich et la *Bärbele*, œuvre d'un sculpteur allemand

1. *VF.*, pp. 40-42.
2. *Ibid.*, p. 44.
3. *Ibid.*, p. 44.
4. *Ibid.*, p. 48.

du XVe siècle, Nikolaus Gerhard, qui se trouve au *Liebighaus* de Francfort –, mais aussi des œuvres qui sont toujours dans leur lieu d'origine, tel que le temple de Paestum et la cathédrale de Bamberg, et il faut remarquer à cet égard que tous les exemples mentionnés dans la version de Fribourg sont des œuvres de l'art antique ou médiéval, alors que dans celle de Francfort, Heidegger donnera comme exemple au moins une œuvre d'art moderne, un tableau de Van Gogh. Ici il est question du caractère irréversible du retrait et du déclin du monde auquel ces œuvres ont appartenu[1]. En tant qu'elles ont été, les œuvres d'art ne peuvent être rencontrées que dans la dimension de la tradition et de la conservation, et non plus en tant que ce qu'elles furent. En devenant les objets de l'exploitation organisée de l'art, elles ont perdu leur se-tenir-pour-soi (*Zu-sich-Stehens*), qui les rendaient aptes à initier un monde. Elles sont privées de leur origine, elles ont perdu ce que Heidegger nomme leur *Sprungkraft*, leur force de saut[2].

Pourtant les œuvres d'art qui sont devenus des objets ne sont pas à mettre exactement sur le même plan que les objets historiques qui sont analysés dans le § 73 de *Être et temps*. L'outil antique n'est plus ce qu'il était, non seulement parce qu'il porte les marques du temps, mais aussi et surtout parce que le monde dont il faisait partie a disparu, ce qui veut dire que le *Dasein* qui aurait pu en faire usage n'existe plus. Nous pouvons donc dire non pas qu'il est « passé », mais qu'il a été là (*ist da-gewesen*), car seul ce qui est simplement présent ou maniable (*vorhanden* ou *zuhanden*) peut être « passé ». L'outil antique est d'une étrange manière à la fois présent (*vorhanden*) et « passé » (*vergangen*), et il l'est parce qu'il appartient à un *Dasein* qui n'existe plus[3]. Pourtant, dans la version de Fribourg, Heidegger dit clairement des œuvres qu'elles « ont été » et non pas qu'elles sont « passées » : « Les œuvres ne sont plus celles qu'elles étaient ; sans doute, ce sont elles-mêmes qui sont là en face de nous, mais elles-mêmes en tant que celles qui ont été »[4]. Il est

1. *VF.*, p. 22.
2. *Ibid.*, p. 46.
3. *SZ.*, pp. 380-381.
4. *VF.*, p. 22 (traduction modifiée).

clair par conséquent qu'il y a une relation plus étroite entre le *Dasein* et les œuvres d'art qu'entre le *Dasein* et les outils : les outils font partie de l'*Umwelt*, du monde environnant quotidien, on les trouve à l'intérieur de celui-ci, alors que, comme nous le verrons, les œuvres ont au contraire la capacité de faire surgir originellement le monde.

Mais si toutes les œuvres d'art ont le caractère de l'avoir été (*Gewesenheit*) dans la mesure où elles appartiennent au domaine de la tradition et de la conservation, cela implique alors, comme Hegel le disait, que « l'art, considéré du côté de sa plus haute destination, est pour nous quelque chose de passé ». La version de Fribourg se termine sur la citation de cette affirmation bien connue de Hegel. Ce passage est repris, de manière plus développée dans la postface du texte publié en 1950[1]. Dans les deux versions de la conférence, celle de 1935 et celle de 1936, Heidegger déclare que le verdict sur la phrase de Hegel n'est pas encore tombé[2]. Ce qui n'est pas encore décidé, c'est la question de savoir si l'art est toujours un mode essentiel et nécessaire d'advenir de la vérité qui est décisif pour notre existence historique ou s'il ne l'est plus. Mais comment Heidegger peut-il donc ne pas souscrire à la thèse hegélienne si lui-même considère les œuvres d'art seulement comme ayant été ?

Dans une lettre sur l'art datée du 25 avril 1960 et adressée à Rudolph Krämer-Badoni, auteur d'un essai paru peu après intitulé « Sur le fondement et l'essence de l'art »[3], Heidegger revient sur cette question : « Si dans la postface de mon essai (*Holzwege*, pp. 66-67) j'exprime mon accord avec la citation de Hegel qui dit que l'art est "en ce qui concerne sa destination la plus haute pour nous quelque chose de passé", cela n'est ni une approbation de la conception hégélienne de l'art ni l'affirmation que l'art est fini. Je dirais plutôt que l'*essence* de l'art est devenue pour nous digne de question (HW, p. 65). Je *ne* "peux" *pas* demeurer "aux côtés de Hegel" parce que je n'ai jamais été de son côté, car ce qui m'en empêche, c'est la différence

1. *Chemins, op. cit.*, p. 91.
2. *Ibid.* ; *VF.*, p. 54.
3. Cf. « Ein Brief Martin Heideggers an Rudolf Krämer-Bardoni über die Kunst », *Phänomenologische Forschungen*, Freiburg/München, Alber, 18, 1986, pp. 170-181.

abyssale dans la détermination de l'essence de la "vérité" ». Mais si Heidegger n'est pas d'accord avec la conception hegélienne de l'art, comme peut-il donc l'être avec cette affirmation de Hegel ? Heidegger précise que toute la pensée occidentale depuis les Grecs, c'est-à-dire une conception déterminée de l'être et de la vérité, se trouve derrière cette affirmation. Tout cela demeure valable aujourd'hui. Et dans la version de Fribourg, il ajoute que « la phrase de Hegel : "Mais nous n'avons plus un besoin absolu de porter un contenu à la (re)présentation sous la forme de l'art" demeure vraie ». Elle le demeure parce que cette conception de l'art comme représentation appartient à une époque révolue. La question qui se pose alors est la suivante : cette vérité est-elle définitive, c'est-à-dire est-il impossible de transformer l'essence de l'art, de penser l'art en rapport à une autre dimension que la dimension de la représentation ? En d'autres termes, est-il possible de penser la vérité autrement que Hegel, qui nous a livré la réflexion la plus profonde sur l'essence de l'art que l'Occident possède ? Est-il possible de penser la vérité d'une manière non métaphysique et non esthétique, de la penser non plus comme la certitude absolue du sujet, mais comme *alètheia*, comme non-occultation ? L'enjeu ici, c'est une « décision spirituelle » au sujet de l'essence de l'art, au sujet de la question de savoir s'il peut être l'origine de notre histoire ou seulement un accompagnement et un supplément[1].

Une question demeure néanmoins en suspens : quel statut Heidegger donne-t-il à l'art moderne ? N'a-t-il réellement aucun intérêt pour lui ? À côté de Franz Marc, déjà mentionné en 1926, et de Van Gogh, mentionné dans la version de Francfort, nous savons que Heidegger admirait la peinture de Cézanne, de Braque, de Paul Klee et d'autres artistes moins célèbres du XXe siècle[2]. Rudolph Bardoni-Krämer a pourtant considéré que Heidegger « omet intentionnellement » la période de l'art abstrait. Heidegger répond à cette affirmation

1. *VF.*, p. 55.
2. Dans son esquisse d'une biographie de Heidegger intitulée *Auf einen Stern zugehen* (Societät-Verlag, Frankfurt am Main, 1983), H.W. Petzet mentionne, entre autres, les noms du peintre Paula Becker-Modersohn et des sculpteurs Wimmer et Chillida.

dans la même lettre d'avril 1960 en disant qu'il ne se livre pas à l'analyse de l'art abstrait, parce que rien ne peut être dit à son sujet aussi longtemps que l'essence de la technique et l'essence de la vérité que celle-ci implique ne sont pas suffisamment élucidées. Mais cela ne signifie pas que l'art abstrait est un rejeton (*Ableger*) de la science moderne. La question qui se pose au sujet de l'art abstrait est la suivante : à quel domaine appartient-il ? Nous ne pouvons pas nous contenter de le subordonner à l'exploitation organisée de l'art. Mais aussi longtemps que nous ne prendrons pas en compte la transformation de l'essence de la vérité qu'implique la technique moderne, nous ne pouvons pas juger de l'originarité ou de la non originarité de l'art abstrait.

4. *Les deux traits essentiels de l'œuvre d'art*

Il s'agit maintenant de revenir à la question centrale de la (re)présentation (*Darstellung*) par le biais d'une réflexion sur les deux traits essentiels de l'œuvre d'art analysés par Heidegger dans la version de Fribourg. Ces deux traits – *Aufstellen* et *Herstellen* – sont, comme la *Darstellung* elle-même, deux modalités du *stellen*, du placer. Si l'essence métaphysique de l'art consiste en la conception de l'art comme (re)présentation de quelque chose de suprasensible dans une matière sensible soumise à une forme[1], cela veut dire, selon l'étymologie même du verbe *dar-stellen,* que, dans la conception métaphysique de l'art, l'art « place » quelque chose là (*da*), qu'il est donc une présentation ou exhibition[2].

Par opposition, Heidegger propose de penser plutôt l'art comme

1. *VF.*, p. 45.
2. C'est Kant qui traduit le latin *exhibitio* par *Darstellung*. Cf. *Critique de la faculté de juger*, Introduction, § VIII, où *Darstellung* (*exhibitio*) est définie comme le processus consistant à placer une intuition correspondante à côté du concept. *Darstellen* veut dire présenter dans le sens de rendre sensible (*versinnlichen*), donner une présence intuitive à quelque chose, ce que nous nommons aussi en français représenter. C'est la raison pour laquelle ce terme est traduit ici, selon le contexte, par représentation ou présentation, ou encore, en maintenant son double sens, en écrivant (re)présentation. Cf. J. Beaufret, « Kant et la notion de *Darstellung* » in *Dialogue avec Heidegger II*, Paris, éd. de Minuit, 1973, pp. 77-109.

position au sens d'une instauration (*Stiftung*) du Là. La définition heideggérienne de l'art est : *das Ins-Werk-setzen der Wahrheit*, la mise en œuvre de la vérité, et il faut souligner à cet égard le renforcement apporté par l'emploi du verbe *setzen*[1]. L'accent mis sur le caractère instaurateur et positionnel de l'art produit un renversement total de ce qui semble la situation « normale » selon laquelle la nature précède l'art qui ne peut trouver sa place qu'en elle. « Tout ici est renversé »[2], déclare en effet Heidegger. C'est l'œuvre d'art qui donne originellement aux êtres de la nature leur visibilité, et c'est donc la nature qui maintenant vient après l'art. Et ce n'est pas seulement le cas de l'architecture, mais aussi de la sculpture et la poésie[3]. La statue du dieu n'est pas une image faite *d'après* celui-ci, mais est le dieu lui-même, c'est-à-dire sa venue en présence elle-même et non pas la reproduction sensible d'un être absent ou lointain. La tragédie n'est pas le récit d'une histoire et ne parle pas *du* conflit des dieux, mais ce conflit a effectivement lieu en elle. L'œuvre d'art porte à la présence, elle n'est pas la (re)présentation ou l'exposition de quelque chose d'absent. Du fait que l'œuvre d'art ne représente rien, mais se tient simplement là, elle ouvre un espace où tout peut devenir visible. L'œuvre d'art a par essence la possibilité de donner « place » à toutes choses. C'est pourquoi les deux traits essentiels de l'œuvre d'art analysés par Heidegger sont ainsi deux modes différents du « placer » : installer (*auf-stellen*) and pro-duire (*her-stellen*).

1. Heidegger indique dans le Supplément (*Chemins, op.cit.*, p. 93) que *stellen* doit être pensé au *sens* du grec *thesis*, qui est « le *setzen* grec ».
2. *VF.*, p. 26.
3. Il manque ici l'un des beaux-arts : la musique. La peinture ne sera elle-même analysée que dans la version de Francfort, mais il y a au moins ici une référence au mot d'Albrecht Dürer : « Car, en vérité, l'art se cache dans la nature, et celui qui peut l'en extraire, le possède » (*VF.*, p. 50), qui sera conservée dans la conférence de 1936 (*Chemins*, p. 79). Le silence presque total de Heidegger sur la musique – à l'exception de l'analyse des relations de Nietzsche avec Wagner et de l'œuvre d'art intégrale de ce dernier dans son cours du semestre d'hiver 1936-37 (*Nietzsche I*, Paris, Gallimard, 1971, pp. 83 sq.) d'une référence en 1936 aux quatuors de Beethoven (*Chemins*, p. 15), d'une référence à Bach et de la citation d'une lettre de Mozart en 1957 dans *Le principe de raison* (Paris, Gallimard, 1962, pp. 124 ; 158-159) – est surprenant si l'on songe à l'importance qu'a la musique dans la culture allemande.

L'installation en tant que trait essentiel de l'œuvre d'art diffère de la simple disposition des œuvres d'art dans un musée ou une exposition. Elle est une érection votive et glorifiante, de sorte que par l'installation de l'œuvre le sacré s'ouvre en tant que sacré. Et l'ouverture de la dimension du sacré est en même temps l'installation d'un monde. L'œuvre d'art n'est donc pas installée, mais elle est en elle-même par essence une installation[1], au sens où elle ouvre un monde. Dans la version de Francfort, Heidegger dit de manière plus explicite que l'ouverture d'un monde est un « établissement de l'espace » (*Einräumen*), une libération du libre espace de l'ouvert (*freigeben das Freie des Offenen*) grâce à laquelle toutes choses trouvent leurs dimensions[2].

De la même manière, la production de l'œuvre d'art ne doit pas être comprise, comme on le fait habituellement, dans le sens de la confection (*Anfertigung*) de quelque chose à partir d'un matériau, mais comme pro-duction – au sens littéral du mot latin *pro-ducere*, amener en avant – de la terre dans l'œuvre d'art. Nous ne devrions donc pas dire que l'œuvre d'art est produite mais plutôt qu'elle est en elle-même une pro-duction[3].

Dans la version de Fribourg, la différence entre l'outil (*das Zeug*) en tant que produit fabriqué et l'œuvre d'art demeure implicite. Dans la version de Francfort, Heidegger explique que l'outil prend en service le matériau qui le constitue, de sorte qu'il disparaît dans l'utilité : « La matière est d'autant meilleure et appropriée qu'elle offre moins de résistance à sa disparition dans l'être-utile de l'outil »[4]. Mais matière et forme sont des catégories dont on ne peut pas faire usage dans le cas de l'œuvre d'art, qui n'est pas le résultat d'un processus de fabrication. Dans l'œuvre d'art en effet le matériau ne disparaît pas, mais au contraire se montre lui-même pour la première fois. Qu'est-ce qui apparaît exactement ? Non pas un matériau qui serait en attente de la forme qui le rendrait invisible, mais ce qui résiste à toute

1. *VF.*, p. 28.
2. *Chemins, op. cit.*, p. 48.
3. *Ibid.*
4. *Ibid.*, p. 49 (trad. mod.)

tentative de pénétration et qui demeure imperméable à toute ouverture comme à toute compréhension : la terre en tant qu'elle se renferme par essence en soi[1].

Dans la version de Fribourg, Heidegger cite à ce propos l'aphorisme bien connu d'Héraclite : *Physis kruptesthai philei*, afin de mettre l'accent sur le fait que l'émergence de toutes choses hors de l'occultation qu'est la *physis* incline à demeurer elle-même dans l'occultation. Ce qui est par conséquent pro-duit dans l'ouvert par l'intermédiaire de l'œuvre d'art, c'est la terre *en tant* qu'elle se renferme *constamment* en elle-même. Le verbe *herstellen* a aussi en allemand le sens de restaurer et de restituer quelque chose dans son état antérieur, de sorte qu'il est possible de comprendre la pro-duction de la terre comme un rétablissement de l'ouvert qui incline constamment à se refermer. Dans la version de Francfort, Heidegger emploie le verbe *hervorkommen*, sortir, se montrer[2] pour mettre l'accent sur l'émergence de la terre dans et à travers l'œuvre d'art.

L'installation du monde et la production de la terre sont inséparables l'une de l'autre, tout comme l'éclaircie et l'occultation (*Lichtung und Verbergung*). L'œuvre d'art au sein de laquelle ces deux processus prennent place est le lieu d'un conflit entre monde et terre, ce qui veut dire que l'œuvre d'art *est* ce conflit lui-même, et non pas une simple représentation de celui-ci[3]. Elle est en tant que telle l'étant en lequel l'ouverture a lieu, l'étant qui institue l'ouvert et en prend possession, au sens grec de la *thesis*, comme Heidegger le souligne dans la version de Francfort[4].

5. *Le concept de monde*

Mais qu'entendre par « l'œuvre d'art installe un monde » ? Dans les deux versions de la conférence, Heidegger déclare que l'essence

1. *Chemins, op. cit.*, p. 51 ; *VF.*, p. 32.
2. *Ibid.*, p. 49.
3. *Ibid.*, p. 53 ; *VF.*, p. 32.
4. *Ibid.*, p. 69.

du monde ne peut qu'être indiquée de manière négative afin d'écarter ce qui pourrait troubler la vue de l'essentiel[1]. Il est en effet nécessaire d'empêcher la mauvaise compréhension du phénomène du monde qui a caractérisé la manière occidentale de pensée depuis Parménide, comme Heidegger le soulignait dans *Être et temps,* en affirmant que depuis Parménide le phénomène du monde a été omis (*übersprungen*)[2]. Le monde a, dans la tradition occidentale, été constamment compris comme la simple collection de choses qui sont là ou comme le cadre imaginaire ajoutée par notre représentation à la somme des choses données[3]. Or le monde a en réalité plus d'être que les choses sensibles et tangibles, le monde règne, *Welt waltet*, comme le dit la version de Fribourg. Dans celle de Francfort nous trouvons l'expression, *Welt weltet*, le monde monde, qui était déjà présente dans le cours du semestre d'hiver 1929-1930 qui porte précisément sur le monde, et également dans l'essai intitulé « De l'essence du fondement » publié en 1929, et même dans un des tout premiers cours de Heidegger[4]. Mais dans la version de Fribourg, la non-objectivité du monde, qui ne peut jamais se tenir *devant* nous comme un ob-jet, est exprimée de manière encore plus forte, lorsque Heidegger parle du monde *sous* lequel nous nous tenons[5]. Nous sommes soumis au monde au sens où nous sommes enlevés (*entrückt*) et placés dans un ensemble de renvois « dans lesquels se présentent et se réservent le signe de la grâce des dieux et la frappe de leur disgrâce »[6]. Le caractère ekstatique de l'existence

1. *Chemins, op. cit.*, p. 47 ; *VF.*, p. 28.
2. *SZ.*, p. 100.
3. *Chemins, op. cit.*, p. 47 ; *VF.*, p. 28.
4. Dans le cours du semestre d'hiver 1929-30 (*Les concepts fondamentaux de la métaphysique, Monde-finitude-solitude*, Paris, Gallimard, 1992) nous trouvons à plusieurs reprises l'expression *Walten der Welt* (§§ 74, 75, 76). Mais dans « De l'essence du fondement », essai écrit en 1928, l'expression *Welt weltet*, à côté de celle de *Welt waltet*, est déjà présente (Cf. *Questions I*, Paris, Gallimard, 1968, p. 142) Et dans le *Kriegsnotsemester* (le semestre du temps de guerre) 1919 l'expression *es weltet* apparaît pour la première fois (Cf. *Zur Bestimmung der Philosophie*, GA, Band 56-57, Klostermann, Frankfurt am Main, 1987, p. 73).
5. *VF.*, p. 28 : « Mais le monde n'est jamais un objet qui se tient *devant* nous, mais le toujours inobjectif, *sous* lequel nous nous tenons » (trad. mod.)
6. *Ibid.*, pp. 28-29 (trad. mod.).

humaine[1] est maintenant compris en relation à l'absence ou la présence du divin, en référence à la dimension du sacré.

De 1927 à 1935, le concept de monde s'est en effet profondément transformé. Dans *Être et temps*, étant donné que l'analyse du monde se fait à partir de celle de l'ensemble des outils, nous ne trouvons en fait qu'une analyse de l'*Umwelt*, c'est-à-dire du monde de la quotidienneté, constitué par la structure ontologique de la significativité (*Bedeutsamkeit*)[2]. Il n'y a pas de possibilité de faire l'expérience du monde dans la quotidienneté, du fait que le monde s'annonce lui-même uniquement lorsque l'outil est hors d'état de marche, est manquant ou inadapté à la tâche entreprise[3]. Le monde ne peut être découvert que dans le mode fondamental de l'angoisse, et sous la forme du rien[4], c'est-à-dire comme un étant qui n'est pas de l'ordre des outils, qui n'est pas maniable. Dans *Être et temps*, nous ne trouvons en réalité qu'une analyse du monde humain : rien, ou presque rien, n'est dit de la nature en tant que telle. C'est d'ailleurs ce que Heidegger lui-même reconnaît dans une note de *De l'essence du fondement*, où il souligne que l'analyse de l'*Umwelt* dans *Être et temps* n'est qu'une première détermination du phénomène du monde et n'a par conséquent qu'une valeur préparatoire[5]. C'est dans le cours de 1929-1930 que la question du monde sera abordée en tant que telle.

Dans la version de Fribourg, le monde n'est plus compris comme l'*Umwelt* quotidien, mais immédiatement défini comme l'ensemble des relations au sein desquelles s'insèrent toutes les décisions essentielles d'un peuple[6]. On retrouve exprimée ici l'idée hölderlinienne du monde comme n'étant jamais un monde pour tous, pour l'humanité en général,

1. Les termes *ekstatisch* ou *Ekstase* n'apparaissent pas dans la version de Fribourg, nous trouvons à leur place les termes *entrückt* (*VF.*, p. 36) et *Entrückung* (*VF.*, p. 46) qui sont déjà employés comme leurs synonymes dans *Être et temps* (voir par exemple *SZ.*, p. 339).
2. *SZ.*, § 18.
3. *Ibid.*, § 16.
4. L'expression *das Nichts der Welt*, « le rien du monde » apparaît dans *Sein und Zeit*, *op. cit.*, pp. 276 ; 343. Dans le § 40 consacré à l'angoisse, on trouve l'expression : *das Nichts, das heisst die Welt als solche*, « le rien, c'est-à-dire le monde comme tel » (p. 187).
5. Cf. *Questions I, op. cit.*, p. 130 note 1.
6. *VF.*, p. 34.

mais toujours au contraire un monde pour un peuple déterminé, un monde historique déterminé[1]. Or, « son monde – c'est à chaque fois pour un peuple ce qui lui est imparti comme tâche »[2]. Mais être ouvert à ce qui doit être fait dans l'avenir requiert également d'être ouvert à ce qui a déjà été dévolu au peuple dans le passé. Nous retrouvons ici la même structure de l'historialité qui gouverne aussi le *Dasein* isolé dans *Être et temps*. Seul un peuple qui a un avenir peut aussi avoir un passé ou plus précisément un « avoir été ». Avoir un monde ne signifie donc rien d'autre pour un peuple que d'être historial au sens donné par Heidegger au mot *Geschichtlichkeit*[3].

Mais en 1935 l'historialité ne peut plus être pensée indépendamment de la dimension du sacré, et c'est là une autre manière de pensée propre à Hölderlin[4]. Le monde est à la fois le lieu de la dimension historiale d'une humanité singulière déterminée *et* le règne de la présence du sacré ou de son absence, comme c'est le cas à l'époque moderne, qui est privée de dieux et a néanmoins une relation négative au sacré, comme le souligne bien Heidegger : « Cette absence [du divin] est aussi une manière pour le monde de régner »[5]. En 1935, l'être-jeté du peuple n'est plus une simple facticité qu'il a à assumer, mais ce qui lui

1. Lorsque Heidegger écrit : « Le monde n'est jamais "le monde de tout le monde" (*Allerweltswelt*) d'une humanité en général, et pourtant tout monde désigne l'étant dans son ensemble » (*VF.*, pp. 34-36), il y a là un écho du début de l'essai *Das Werden im Vergehen* (Le devenir dans le périr), rédigé par Hölderlin vers 1799, dans lequel apparaît l'expression *die Welt aller Welten* (le monde de tous les mondes) et où est exprimée avec force l'idée que chaque monde fini contient le « monde de tous les mondes » en lui, ce qui veut dire que l'infini ne peut jamais être trouvé que dans le fini. Heidegger ne mentionne cet essai que de manière brève dans le cours du semestre d'hiver 1941/42 intitulé *Hölderlins Hymne « Andenken »*, *GA*, Band 52, Klostermann, Frankfurt am Main, 1982, § 41, pp. 119-122.
2. *VF.*, p. 36. (trad. mod.)
3. Cf. *SZ.*, § 74.
4. L'émergence de la dimension du sacré en relation au monde rappelle en effet un autre essai de Hölderlin, « Sur la religion », où le sacré est compris comme l'expérience d'une relation plus vivace de l'être humain au monde que celle de la simple nécessité, de sorte qu'une nouvelle démonstration de l'existence de Dieu peut être proposée : ni ontologique, ni cosmologique, mais *phénoménologique*, c'est-à-dire fondée uniquement sur l'expérience fondamentale de la relation intime qui relie l'être humain au monde et à la nature.
5. *VF.*, p. 30.

est jeté par les dieux. Heidegger cite ici le poème de Hölderlin « Voix du Peuple » qui dit que les dieux souriants nous jettent au dehors comme l'aigle qui jette ses petits hors du nid[1]. Mais si le peuple est bien jeté au dehors – disons hors de la nature – dans l'historialité, c'est-à-dire dans le monde, cela ne veut pas dire que l'histoire serait une aventure livrée à l'arbitraire. Au contraire, du fait que l'ouverture du monde est en même temps la pro-duction de la terre, le peuple ne peut pas être jeté n'importe où, mais seulement en ce dans quoi il se tient déjà[2]. Nous pourrions dire que le peuple, dans la mesure où il a un monde, est re-jeté sur la terre[3], une terre toujours déterminée, tout comme le monde est toujours un monde déterminé. Ce qui est particulièrement mis en évidence dans la version de Fribourg, par comparaison avec celle de Francfort, c'est que l'ouverture du monde n'est pas l'ouverture d'une autre dimension, mais bien de ce qui est le plus propre à un peuple historial[4]. Être historial veut maintenant dire pour un peuple être ouvert à soi-même et non pas à autre chose, exactement comme dans *Être et temps*, cela voulait dire hériter de soi-même et non pas de quelqu'un d'autre[5]. Mais en 1935 l'historialité n'est plus considérée comme le mode d'existence d'un *Dasein* singulier, mais comme celui d'un *Dasein* collectif, du *Dasein* du peuple, dans la mesure où « ne peut jamais être historial [...] qu'un peuple »[6].

1. Heidegger cite ici un vers de la première version du poème qui dit (trad. mod.) :
   Et comme les petits de l'aigle, il les jette lui-même,
   Le père, hors du nid, afin qu'ils se
   Cherchent une proie dans les champs, de même
   En souriant les dieux nous poussent au dehors.

   Dans la version finale de 1801, nous trouvons *mit richtigem Stachel* (d'un juste aiguillon) en lieu et place de *lächelnd* (souriant) et *der Herrscher* (le maître) au lieu de *die Götter* (les dieux).
2. *VF.*, p. 40.
3. Dans la version de Francfort (*Chemins, op. cit.*, p. 49, trad. mod.) nous trouvons le passage suivant : « Ce en quoi l'œuvre se replace (*sich zurückstellt*) et ce qu'elle fait ressortir par ce retour en arrière, nous l'avons nommé la terre ». Nous sommes en présence ici toujours du même cercle : pour avancer, nous avons à reculer, de sorte que nous puissions *laisser être* ce que nous sommes déjà, exactement comme l'œuvre qui « *laisse la terre être terre* » (*ibid.*, p. 50).
4. *Ibid.*, p. 85 ; *VF.*, p. 42.
5. *SZ.*, § 74, pp. 383 sq.
6. *VF.*, p. 36.

Il nous faut donc penser ensemble la dimension sacrée du monde, l'ouverture du monde comme la pro-duction de la terre, et le monde comme le lieu de l'historialité d'un être collectif déterminé. On peut à cet égard considérer que cette conception du monde du milieu des années trente se tient en quelque sorte à mi-chemin entre l'*Umwelt* humain de 1927 et le monde considéré comme le *Geviert*, le Quadriparti, des années cinquante. Heidegger affirme en effet dans sa conférence « La chose »[1] que le Quadriparti – terre et ciel, divins et mortels – est le monder du monde, et il semble bien qu'il constitue en tant que tel l'unité des dimensions indiquées en 1935[2].

6. *L'essence de la vérité*

Déjà dans la version de Fribourg, l'art est défini comme « une manière pour la vérité d'advenir »[3]. Un peu plus loin, Heidegger affirme que « c'est dans l'art que *devient* pour la première fois la vérité »[4]. La vérité n'est pas ici comprise comme une qualité des choses, mais comme un devenir et un advenir. Heidegger définit l'essence de la vérité en relation au conflit au sein duquel la terre et le monde se séparent et en même temps se rattachent l'un à l'autre[5]. Ce conflit

1. Dans cette conférence, prononcée en 1950, Heidegger dit en effet de manière explicite : « Ce jeu qui fait advenir, ce jeu de miroir de la simplicité de la terre et du ciel, des divins et des mortels, nous le nommons "le monde". Le monde se déploie en tant qu'il monde *(Die Welt west indem sie weltet)* », (*Essais et conférences*, Paris, Gallimard, 1958, p. 214, trad. mod.).
2. Toutes les dimension du Quadriparti sont déjà présentes en 1935, à l'exception du ciel. Mais on peut considérer que ce qui est nommé « terre », du fait qu'elle est comprise comme constituant le tout et qu'elle est rattachée à la *physis* grecque, c'est-à-dire à l'émergence à la lumière de toutes choses, possède un côté éclairé qui sera plus tard nommé « ciel ». Heidegger souligne en effet dans la même page (*VF.*, p. 26) que *physis* a la même racine que le mot *phaos*, *phôs*, qui signifie lumière.
3. *VF.*, p. 34 (trad. mod.).
4. *Ibid.*, p. 38 (trad. mod.)
5. Cf. *Chemins*, *op. cit.*, p. 53. On a préféré, à l'opposé des traducteurs de *Chemins*, rendre le mot *Streit* (querelle, dispute, litige) par conflit plutôt que par combat, qui est la traduction habituelle de *Kampf* (mot à connotation militaire et de même racine que le latin *campus*).

ouvre ce que Heidegger nomme le Là : « Cet être-ouvert du Là est l'essence de la vérité. Les Grecs la nommèrent *alètheia* (non-occultation) »[1]. Il est clair, par conséquent, que le devenir ou l'advenir de la vérité est liée uniquement à la vérité comprise comme non-occultation et non à la vérité définie comme adéquation entre une chose et une proposition, définition qui a déjà été déterminée dans *Être et temps* comme un phénomène non originel [2]. Dans la version de Francfort, Heidegger explique de manière encore plus explicite que « ce n'est pas nous qui présupposons la non-occultation des étants, mais c'est elle au contraire qui nous détermine dans notre être de telle sorte que dans nos représentations, nous lui sommes toujours subordonnés » si bien que « nous, et toutes nos représentations adéquates, ne serions rien [...] si la non-occultation de l'étant ne nous avait pas déjà exposés à cette zone éclairée dans laquelle tout étant vient se tenir et hors de laquelle il se retire »[3].

Mais comment cette éclaircie se produit-elle ? Comme le conflit de ce qui s'ouvre en tant que monde et de ce qui se renferme en soi en tant que terre, de sorte que « l'essence de la vérité en tant que non-occultation inclut l'occultation »[4]. Il n'est donc pas possible de concevoir « ce lieu au milieu de l'étant, l'éclaircie » comme « une scène rigide au rideau toujours levé », car « la non-occultation de l'étant n'est jamais un état qui serait seulement présent (*vorhanden*), mais au contraire un événement (*Geschehnis*) »[5], l'éclaircie advenant toujours en même temps comme occultation.

On trouve déjà dans *Être et temps* l'idée que le *Dasein* est co-originellement dans la vérité et dans la non vérité [6], de sorte que l'ouverture du *Dasein* en tant que pouvoir-être inclut aussi la fermeture du *Dasein* en tant qu'être-jeté et facticité. Cette fermeture, qui provient du fait que le *Dasein* est, dans sa déchéance au monde, perdu en celui-ci, n'est pas totale, car une totale fermeture signifierait la dispa-

1. *VF.*, p. 34. (trad. mod.).
2. *SZ.*, § 44.
3. *Chemins, op. cit.*, p. 57 (trad. mod.).
4. *VF.*, p. 42 (trad. mod.).
5. *Chemins, op. cit.*, p. 59 (trad. mod.).
6. *SZ.*, § 44, p. 222.

rition pure et simple du *Dasein* lui-même. Le *Dasein* « inauthentique » accomplit plutôt sa propre ouverture d'une manière non originelle, ce qui implique que les étants soient à la fois découverts et recouverts car soumis à l'explicitation publique du « On ». Ils se montrent bien ainsi, mais sur le mode de l'apparence. La non-vérité dans *Être et temps* a le sens de dissimulation et d'apparence. Et la vérité elle-même peut seulement être conquise par la traversée de ces apparences et de ces recouvrements, au sens où la découverte des étants est toujours un *rapt*, un arrachement à l'occultation. C'est la raison pour laquelle, explique Heidegger, les Grecs ont formulé l'essence de la vérité au moyen du terme *négatif* d'*alèthei*a. En 1927, la *lèthè* est comprise comme cette occultation des étants qui advient dans la dissimulation, le recouvrement et l'apparence d'un découvrement inauthentique et le combat pour la vérité est à la charge du *Dasein* lui-même dans son pouvoir-être authentique.

C'est exactement ce que nous trouvons aussi dans la version de Fribourg lorsque Heidegger souligne que la non-vérité en tant que dissimulation et recouvrement « co-appartient constamment à la vérité, tout comme la vallée à la montagne »[1]. Mais immédiatement après, Heidegger indique que c'est ce qui est renfermé en soi et absolument occulté qui donne à l'ouvert ses limites. Il y a donc une autre sorte de non-vérité qui semble plus fondamentale que la dissimulation et le recouvrement, au sens où elle est liée à la terre en tant que ce qui donne à l'ouvert ses frontières internes. Plus loin, Heidegger affirme que « la vérité est terrestre par essence » du fait que la terre porte et lie l'ouvert[2].

La relation entre les deux sortes de non-vérité ne sera mise en lumière que dans la version de Francfort où il est dit de manière explicite que « l'occultation règne au milieu de l'étant d'une double manière » dans la mesure où elle peut être « un refus (*Versagen*) ou simplement une dissimulation (*Verstellen*) », le refus (au sens de défaillance) étant « le commencement de l'éclaircie de ce qui est éclairé », alors que la dissimulation, dans laquelle un étant « se donne pour

1. *VF.*, p. 34
2. *Ibid.*, p. 42.

autre qu'il n'est », prend place « à l'intérieur de ce qui est éclairé »[1]. Mais, ajoute Heidegger, « nous n'avons jamais la certitude directe qu'il s'agit de l'une ou de l'autre » précisément parce que « l'occultation s'occulte et se dissimule elle-même »[2]. L'éclaircie n'advient que comme cette double occultation, et cela implique qu'elle n'est jamais une pure lumière, dénuée de toute obscurité, mais qu'elle provient elle-même de l'obscurité comme de son refus et qu'elle contient l'obscurité en elle en tant que dissimulation. Il est par conséquent possible de comprendre le devenir ou l'advenir de la vérité comme l'événement (*Ereignis*) de l'occultation et de l'éclaircie dans leur simultanéité, comme Heidegger le suggère dans la note marginale de l'édition Reclam, où *Geschehnis* est compris comme *Ereignis*[3]. Parce que l'éclaircie n'est pas une simple dés-occultation dénuée de toute occultation et parce que « la vérité est, dans son essence, non-vérité », Heidegger utilise le terme de *Verweigerung*, refus au sens fort de déni, pour donner un nom à la double occultation qui fait partie de l'essence de la vérité en tant que non-occultation[4].

On peut maintenant concevoir que l'essence de la vérité comprise de cette manière ne puisse résulter que d'un conflit – et d'un conflit qui prend place dans l'être lui-même et non pas seulement dans le *Dasein*. Mais la version de Francfort fait une différence entre le conflit du monde et de la terre qui prend place dans l'œuvre d'art[5] et le conflit originel (*Urstreit*) de l'éclaircie et de l'occultation[6] qui constitue l'essence de la vérité elle-même. Cela permet d'éliminer une ambiguïté qui demeurait non clarifiée dans la version de Fribourg :

1. Le monde et la terre ne peuvent pas être identifiés à l'éclaircie et à l'occultation en tant que telles, comme il est clairement dit dans la version de Francfort : « La terre ne surgit à travers le monde, le monde ne se fonde sur la terre que dans la mesure où la vérité advient comme

1. *Chemins, op. cit.*, pp. 58-59 (trad. mod.)
2. *Ibid.*, p. 59 (trad. mod.)
3. *HW, GA* 5, pp. 41-43.
4. *Chemins, op. cit.*, p. 59 (trad. mod.)
5. *Ibid.*, p. 53.
6. *Ibid.*, p. 60.

le conflit originel entre éclaircie et occultation »[1]. L'œuvre d'art elle-même ne peut advenir que sur le fondement du conflit originel, qui n'est pas identique à la seule essence de l'art.

2. La différence entre le conflit du monde et de la terre en tant qu'essence de l'art et le conflit originel de l'éclaircie et de l'occultation en tant qu'essence de la vérité implique qu'à côté de l'art il y ait d'autres manières pour la vérité d'advenir. Dans la version de Fribourg, Heidegger n'en nomme que deux, l'acte du fondateur de l'État politique et le questionnement et le dire du penseur[2]. Dans la version de Francfort, deux autres manières pour la vérité d'advenir sont ajoutées : « la proximité de ce qui n'est plus simplement un étant, mais le plus étant des étants » et « le sacrifice essentiel »[3]. L'art, la politique, la pensée, le sacrifice, la religion – mais non la science, qui est « toujours l'exploitation d'une région du vrai déjà ouverte »[4] – sont des manières originelles pour la vérité d'advenir. Mais parce que la vérité a à s'établir elle-même (*sich einrichten*) au sein de ce qui est afin de *devenir* vérité – la vérité n'existe pas en soi antérieurement à sa mise en œuvre – il y a dans l'essence de la vérité une attraction vers l'œuvre, de sorte que l'art est une possibilité insigne pour la vérité d'advenir. Il y a donc un privilège relatif de l'art sur les autres manières également originelles pour la vérité d'advenir, ce qui explique ce passage de la

1. *Chemins, op. cit.*, p. 61.
2. *VF.*, p. 44.
3. *Chemins, op. cit.*, p. 69 (trad. mod.)
4. *Ibid.* Il y a une importante différence entre le statut de la science en 1933 et 1936. Dans le discours de rectorat, la science a encore le sens du questionnement et de la pensée et est identifiée à la philosophie, comme c'était le cas en 1927 lorsque la philosophie était nommée la « science de l'être » : « Toute science est philosophie, qu'elle le sache ou non, qu'elle le veuille ou non. Toute science reste affectée par ce commencement de la philosophie. C'est de lui qu'elle puise la force de son essence, supposé qu'elle reste encore en général à la hauteur de ce commencement » (*L'auto-affirmation de l'Université allemande*, Mauvezin, TER, 1982, p. 8). Pourtant, dès 1929-30, dans le cours sur *Les concepts fondamentaux de la métaphysique*, on peut lire : « La philosophie comme science absolue – un idéal élevé et insurpassable. C'est ce qu'il semble. Et pourtant, la simple évaluation de la philosophie d'après l'idée de la science est peut-être déjà la plus funeste dépréciation de son essence la plus intime » (*op. cit.*, p. 16). Par opposition à la pensée philosophique, la science apparaît déjà comme une processus non originel, ce qui deviendra patent en 1936. En 1933, dans sa défense de l'Université, Heidegger revient, de manière significative, à sa position de 1927.

version de Fribourg où il est dit que « là où est l'art, là advient la vérité, là est l'histoire »[1].

7. *La critique heideggérienne de la conception métaphysique de l'art*

À la fin de la version de Fribourg, l'opposition entre la conception métaphysique et la conception heideggérienne de l'art est analysée sous un triple aspect :

1) La création est opposée à la production, et cette opposition a affaire avec l'essence de l'œuvre d'art[2].
2) Le savoir est opposée au plaisir en ce qui concerne la relation essentielle à l'œuvre d'art.
3) La (re)présentation est opposée au commencement (*Anfang*)[3] et cette opposition concerne l'origine de l'œuvre d'art[4].

1. Est-il possible de mettre en opposition diamétrale création et production si, comme Heidegger le dit lui-même « tout être-créé, dans le domaine de l'art, est toujours aussi un produit »[5] ? Heidegger ajoute, certes, immédiatement « mais l'inverse n'est pas vrai ». Un produit ne résulte pas toujours d'une création. Mais s'il y a des productions qui sont aussi des créations, cela pourrait vouloir dire que la création est une espèce particulière du genre production, de sorte qu'il pourrait s'avérer nécessaire de partir du concept plus large de production pour comprendre ce qu'est la création. Heidegger veut au contraire souligner que ce n'est pas du tout le cas : « Et c'est bien

1. *VF.*, p. 50 (trad. mod.).
2. *Ibid.*, p. 48.
3. Heidegger distingue le commencement (*Anfang*) du début (*Beginn*), aussi bien dans la version de Fribourg (*VF.*, pp. 46-48) que dans d'autres textes de la même époque. Cf. *Les Hymnes de Hölderlin*, *op. cit.*, p. 16 : « Le début, c'est ce sur quoi quelque chose démarre, le commencement ce dont quelque chose surgit ».
4. *VF.*, p. 46
5. *Ibid.*, p. 48.

pourquoi il est également impossible de concevoir le créer et l'être-créé à partir du produire et du fabriquer »[1].

Pour Heidegger, création et production sont deux processus totalement différents, car la création n'est pas l'expression de ce qui est déjà, mais l'indication de ce qui sera, alors que la production est toujours la reproduction de ce qui préexiste[2]. Il n'en demeure pas moins que ce que nous trouvons dans l'œuvre d'art, ce n'est pas seulement de l'être-créé, mais aussi de l'être-produit : « L'être-produit se trouve aussi dans l'œuvre, mais il y est justement voilé par l'être-créé »[3]. Quel est alors le sens de cette dissimulation de la production dans la création ? Heidegger l'explique un peu plus loin : l'œuvrer, en tant que travail du matériau, « fait silence, dans l'œuvre se tenant là, sur la peine et le désespoir, mais aussi sur la fougue et le plaisir qui lui sont propres ». La production demeure donc silencieuse à l'intérieur de la création, du fait que, requise par l'essence même du créer, elle ne peut pourtant devenir par elle-même création. Il n'y a donc pas une différence de degré entre production et création, différence qui pourrait être comprise comme celle, qualitative, d'habileté dans l'exécution – mais une différence d'essence : de la production à la création, « il y a aussi le saut ».

Mais quelle est l'essence de la création ? Que veut dire créer ? Heidegger répond en définissant le créateur comme l'instaurateur du conflit qui constitue l'œuvre d'art[4]. Mais instaurer ne veut pas dire faire. Au contraire, Heidegger insiste sur le fait que « le devenir de la vérité est éprouvé (*erlitten*) dans l'instauration poétique »[5]. L'essence de la création consiste à supporter (*ertragen*) le projet poétique, à endurer (*aushalten*) le conflit du monde et de la terre, et à demeurer à l'intérieur (*innestehen*) du domaine inaccoutumé de la vérité nouvelle.

1. *VF.*, p. 48 (trad. mod.).
2. *Ibid.*, pp. 48-50.
3. *Ibid.*, p. 50 (trad. mod.) .
4. *Ibid.*, p. 48.
5. *Ibid.* La question de l'essence de l'art comme poésie (*Dichtung*), qui est un thème central dans la version de Fribourg (*VF.*, pp. 38-42) tout comme dans celle de Francfort (*Chemins, op. cit.*, pp. 59-65, transl. pp. 72-81), est ici laissée de côté. Voir à ce sujet « La poésie comme origine ».

Créer ne signifie pas accomplir, mais au contraire faire l'épreuve de l'advenir de la vérité. C'est pourquoi Heidegger insiste sur le fait que le créateur n'est pas seulement l'artiste, mais « quiconque porte au saut (*Sprung*) une origine (*Ursprung*) de la vérité »[1]. D'un côté donc, la création semble un concept plus large que l'art, au sens où le fondateur d'État et le penseur sont aussi des créateurs, mais d'un autre côté il semble difficile de penser la décision historiale qui a lieu en tant que création sans relation à l'art.

2. Pourquoi la relation à l'art ne serait-elle pas le plaisir ? Heidegger semble suggérer qu'il n'y plaisir qu'en relation avec ce qu'il nomme *Nachkunst*, art épigonal ou *Schein von Kunst*, apparence d'art, c'est-à-dire art « inauthentique »[2]. Il dit de manière explicite qu'il n'y a de plaisir qu'en relation avec ce qu'il nomme l'exploitation organisée de l'art[3]. Mais pouvons-nous véritablement laisser de côté le plaisir artistique immédiat que nous éprouvons en face des œuvres d'art ? Heidegger répondrait probablement que le plaisir n'est lié qu'aux œuvres d'art qui ne sont pas du « grand art » parce qu'elles sont seulement l'expression ou le produit de leur temps et qu'elles ne font pas époque au sens où elles n'instaurent pas l'histoire. Le grand art, explique-t-il, « n'est jamais conforme au temps »[4]. Le plaisir est en rapport avec la présence donnée d'« objets » artistiques, alors que le savoir concerne l'avenir, le plaisir est toujours réactif et secondaire, alors que le savoir est préfigurateur et premier.

C'est ce que Heidegger souligne dans la version de Francfort, où savoir signifie vouloir. La juste relation à l'œuvre d'art est comprise ici comme une garde (*Bewahren*) et non comme une jouissance. Mais garder veut dire se tenir à l'intérieur (*Innestehen*) de l'ouverture de l'être qui advient dans l'œuvre d'art, ce qui implique, comme cela a déjà été indiqué, une attitude plus passive qu'active. Heidegger ajoute que c'est en cela que consiste le savoir et que « le savoir qui demeure un vouloir et le vouloir qui demeure un savoir, c'est l'engagement

1. *VF.*, pp. 38-42
2. *Ibid.*, p. 50.
3. *Ibid.*, p. 22.
4. *Ibid.*, p. 48 (trad. mod.).

ekstatique de l'homme existant dans la non-occultation de l'être »[1], un tel engagement ayant le sens de la résolution dont il était question dans *Être et temps*.

Mais alors que signifie vouloir ? Vouloir, c'est toujours vouloir s'exposer soi-même à l'ouverture de l'être – un thème qui fait déjà son apparition dans le discours de Rectorat, où Heidegger cite à l'appui un vers du Prométhée d'Eschyle, *technè d'anagkès asthenestera makrô*, qu'il traduit ainsi : « le savoir est bien plus faible que la nécessité », en expliquant que « ce mot sur la faiblesse créatrice du savoir est un mot des Grecs, chez lesquels on aimerait trouver, par trop arbitrairement, le prototype d'un savoir reposant uniquement sur soi-même, et du même coup oublieux de soi-même, que l'on nous explique être l'attitude "théorétique" »[2]. Il y a donc, un rapport entre le savoir qui est vouloir et le fait de se tenir à l'intérieur de l'ouverture de l'être en tant que « passivité », de sorte que la connaissance et la volonté ne peuvent plus être comprises comme les « actes » délibérés d'un « sujet ». Mais d'autre part, le savoir n'est pas entièrement dénué d'une sorte de *pathos* : connaître l'œuvre d'art n'est certes pas une manière de jouir d'elle, mais cela implique une autre sorte de « sentiment », l'endurance du conflit, ce qui plus tard sera nommé *Gelassenheit*. Dans une note écrite dans la marge du supplément à l'édition Reclam de 1960[3], Heidegger souligne que la mise en œuvre (*Ins-Werk-setzen*) doit être comprise comme *Ins-Werk-Bringen* (amener à l'œuvre), *Hervor-bringen* (amener au jour), *Bringen als Lassen* (amener en tant que laisser), de sorte que *poein* veut finalement dire « laisser ». De la même manière, une note ajoutée dans la marge du cours de 1935, *Introduction à la métaphysique*, explique que tout vouloir doit être fondée sur un laisser et que la relation à l'être est elle-même un laisser[4].

3. Heidegger déclare que la méditation sur l'art a commencé avec Platon et Aristote et que depuis lors « toute théorie de l'art et

1. *Chemins, op. cit.*, p. 75 (trad. mod.).
2. *L'auto-affirmation de l'Université allemande, op. cit.*, p. 9.
3. *HW, GA* Band 5, p. 70.
4. *Introduction à la métaphysique, op. cit.*, p. 29 : « La relation à l'être est le "laisser". Que tout vouloir se fonde sur un "laisser", c'est ce qui déconcerte l'entendement ».

toute esthétique sont soumises à *une remarquable fatalité* »[1]. Parce que l'œuvre d'art a été comprise dès le départ comme une chose fabriquée, on a toujours considéré l'œuvre d'art soit comme une allégorie, au sens où il y aurait en elle autre chose *(allo agoreuei)* qu'un matériau mis en forme, soit comme un symbole, au sens où quelque chose aurait été ajouté *(symballei)* à la chose fabriquée[2]. Concevoir l'œuvre d'art comme un produit allégorique ou symbolique signifie la comprendre comme étant constituée de deux parties différentes : la matière et la forme, ou la forme sensible et l'idée. Tant que l'art est ainsi compris, il est défini comme (re)présentation du suprasensible dans le sensible, et la logique ici en œuvre est celle de l'addition. Dans la métaphysique, l'être humain est d'ailleurs lui aussi compris sur le même modèle, comme âme ou esprit ajoutés à un corps, et il en va de même du langage, compris comme l'adjonction d'une signification à un matériau phonétique. L'idée directrice d'une telle conception métaphysique est que l'élément « spirituel » peut être (re)présenté dans l'élément matériel. L'idée d'une possible (re)présentation de ce qui n'est pas matériel ou sensible ne caractérise pas seulement l'esthétique du beau, elle est aussi présente dans l'esthétique du sublime, du fait que le sublime est encore défini négativement par rapport à une possible présentation de ce qui n'est pas présentable (*darstellbar*)[3]. Pour Heidegger, toutes les sortes d'esthétique sont par conséquent dans l'incapacité de comprendre ce qu'est véritablement une œuvre d'art, car l'œuvre ne (re)présente rien, elle n'est ni une représentation de quelque chose d'autre, ni la présentation de l'imprésentable. Elle n'a en fait pas de rapport à la présence donnée, mais au contraire au devenir ou à l'advenir de la vérité, à la *venue en présence* de toutes choses. C'est pourquoi Heidegger met l'accent sur son caractère initial :

1. *VF.*, p. 52.
2. *Ibid.*
3. Kant lui-même définit le sublime par rapport à l'impossibilité de la nature à donner une représentation (*Darstellung*) des idées (Cf. *Critique de la faculté de juger*, § 29, Remarque générale sur l'exposition des jugements esthétiques réfléchissants). À ce qu'il semble, Heidegger n'a jamais rien dit au sujet de l'esthétique du sublime ou du sublime lui-même. Cela n'implique cependant pas qu'une tentative implicite de re-penser le sublime ne peut pas être décelée dans le discours heideggérien sur l'art. Voir à ce sujet Ph. Lacoue-Labarthe, « La vérité sublime », *Du Sublime*, Paris, Belin, 1988, pp. 97-147.

l'œuvre d'art est un commencement (*Anfang*), une instauration (*Stiftung*), une création (*Schaffen*).

L'œuvre d'art ne met donc pas en relation les deux domaines que la tradition métaphysique a constamment séparés, la matière et l'esprit, mais instaure le conflit du monde et de la terre, c'est-à-dire ouvre l'espace de jeu dans lequel l'existence humaine devient possible, ce que Heidegger nomme le Là. La difficulté est alors de parvenir à penser la dualité du monde et de la terre autrement que comme une nouvelle forme de l'ancienne dualité métaphysique de la matière et de l'esprit. La différence entre ces deux dualités est en fin de compte une différence de temporalité : la tradition métaphysique demeure une pensée de la présence donnée, la pensée à venir qui, selon Heidegger, se fait jour avec la fin de la philosophie devrait être une pensée du devenir et de l'advenir de la vérité, de ce que Heidegger nomme *Ereignis*, événement appropriant.

Gadamer
Esthétique et herméneutique

DANS UN ARTICLE PUBLIÉ en 1964, soit quatre ans après la publication de son œuvre maîtresse, et qui est précisément intitulé « Esthétique et herméneutique », Gadamer défend l'idée selon laquelle « l'herméneutique englobe l'esthétique »[1], ce qui implique du même coup le refus de considérer l'esthétique comme une discipline autonome. L'argument principal qu'invoque Gadamer à l'appui de cette thèse, c'est le fait que l'œuvre d'art est porteuse par elle-même d'une signification, qu'elle « nous dit quelque chose » qui nous concerne, qu'elle est même « ce qui nous parle le plus immédiatement » et qu'elle suscite ainsi, non pas une attitude contemplative, mais au contraire une compréhension qui l'intègre à la compréhension que tout un chacun a de lui-même. Il ne s'agit pourtant pas par là pour Gadamer de dissoudre la spécificité de l'expérience artistique dans l'universalité de l'herméneutique, puisqu'il reconnaît au contraire que « l'esthétique est un élément essentiel de l'herméneutique générale », dans la mesure où cette dernière s'applique « de manière éminente au langage de l'art »[2]. Ce qui caractérise selon lui l'œuvre d'art, c'est qu'elle échappe à l'intention de son créateur et que sa force d'expression ne peut être réduite à l'horizon historique dans lequel elle s'est originellement inscrite. C'est en ce sens que l'expérience de l'art possède « une

1. Cf. H.-G. Gadamer, *L'art de comprendre. Écrits II*, Paris, Aubier, 1991, p. 145.
2. *Ibid.*, p. 147.

signification de principe » pour l'herméneutique, qui ne consiste pas simplement à réactualiser en soi les opinions subjectives et les « vécus » d'autres hommes, mais à comprendre « l'excédent de sens contenu dans l'œuvre même » qui fait qu'elle demeure indéfiniment ouverte à de toujours nouvelles intégrations dans d'autres contextes.

L'importance reconnue ainsi à l'expérience artistique permet de mieux comprendre le rôle essentiel que joue dans l'économie de la somme de 1960, *Vérité et Méthode*, la question de l'esthétique et de l'art. C'est donc à partir de là que l'on peut tenter de mettre en évidence les thèses majeures de Gadamer à ce sujet, ce que la parution enfin intégrale de la traduction de *Vérité et méthode* en 1996 rend aujourd'hui possible pour les lecteurs français. C'est en effet dans la première partie de ce livre, qui n'avait originellement été traduite que partiellement, que Gadamer aborde l'expérience de l'art dans laquelle il voit l'expérience d'une vérité qui outrepasse fondamentalement le domaine de la connaissance méthodique, dont le modèle est tiré des sciences de la nature. Dans ce maître-livre, Gadamer se propose de brosser, comme l'indique le sous-titre, « Les grandes lignes d'une herméneutique philosophique ». Il reprend par là le dialogue, délaissé par Heidegger, avec les sciences de l'homme, non pas pour réhabiliter le projet diltheyen de l'élaboration d'une méthodologie des sciences de l'esprit, mais au contraire pour montrer les limites d'une connaissance qui voudrait s'appuyer uniquement sur un fondement méthodologique. Gadamer, proche en cela de Heidegger, met en doute l'idée selon laquelle il y aurait une méthode propre aux sciences de l'homme et il voit plutôt la spécificité de celles-ci dans le fait qu'elles se caractérisent par l'exercice d'un certain savoir-faire. C'est ce qui explique que dans la première partie de *Vérité et Méthode*, Gadamer fasse référence à la tradition humaniste et aux concepts de goût, de sens commun et de jugement qui y furent élaborés et qui permettaient alors de rendre compte de la prétention à la connaissance des sciences de l'homme. Selon Gadamer, c'est le kantisme qui a signé le déclin de la tradition humaniste, en réduisant le sens commun et le goût à une fonction simplement esthétique et subjective et en discréditant toute connaissance théorique autre que celle que nous procurent les sciences de la nature[1]. Il s'agit donc pour lui de mettre en évidence le processus qui a conduit à la création au XIXe siècle d'une conscience spécifiquement esthétique. Le noyau de la première partie de *Vérité et méthode* consiste ainsi en une « critique de l'abstraction de la conscience esthétique »[2], et ce titre laisse clairement entendre que pour Gadamer la création de l'esthétique n'est qu'une abstraction qu'il importe de dé-construire, au sens heideggérien du terme, afin de conquérir une compréhension plus adéquate de l'expérience artistique.

1. *La critique de la conscience esthétique*

Gadamer commence par se livrer, sous le titre suggestif de « Subjectivation de l'esthétique par la critique kantienne », à une analyse de la troisième *Critique* de Kant qui a pour but de démontrer que chez Kant « le beau dans la nature *ou* dans l'art n'a qu'un seul et même principe a priori, qui n'a pas d'autre lieu que la subjectivité »[3]. Mais le moment le plus intéressant à ses yeux est celui où la perspective de l'art passe au premier plan avec Schiller et ses *Lettres sur l'éducation esthétique de l'homme* et avec les postkantiens en général pour lesquels l'art, conçu comme production géniale inconsciente, inclut aussi la nature, qui est alors comprise comme un produit de l'esprit. Il souligne néanmoins qu'un tel renversement a été préparé par Kant qui voulait parvenir à une fondation autonome de l'esthétique en la libérant du critère du concept et de toute prétention à la vérité et qui, en fondant le jugement esthétique sur l'a priori subjectif du sentiment de la vie, allait permettre au néo-kantisme de forger le concept de « vécu » (*Erlebnis*) et de voir en lui le fondement gnoséologique de toute connaissance objective. À la suite d'une longue analyse qui retrace l'histoire de l'apparition de ce concept à la fin du XIXe siècle, Gadamer met en évidence la parenté qui existe entre la structure de l'*Erlebnis* et

1. H.-G. Gadamer, *Vérité et méthode*, Paris, Seuil, 1996 (noté par la suite *VM*), p. 58 (47).
2. *Ibid.*, p. 106 (94).
3. *Ibid.*, p. 72 (61).

le mode d'être de ce qui relève de l'esthétique : le vécu esthétique constitue en ce sens la modalité essentielle de l'*Erlebnis* comme tel. Car de même que le vécu constitue pour Dilthey et Husserl une unité de sens soustraite à la continuité de la vie, de même le vécu esthétique est détaché de tout contexte réel du fait que l'œuvre d'art constitue un monde à part. L'œuvre d'art n'apparaît donc plus dans cette perspective que comme l'objet de l'*Erlebnis* esthétique. Il s'agit alors pour Gadamer de se demander si le comportement esthétique est face à l'œuvre d'art le comportement qui convient et si même le concept d'art, qui est une création de la conscience esthétique, ne fait pas en lui-même problème. Voici ce qu'il déclare à ce propos :

> Toujours est-il que l'on ne peut pas mettre en doute que les grandes époques de l'histoire de l'art ont été celles où, en l'absence de toute conscience esthétique et de notre concept d'art, on s'entourait de réalisations (*Gestaltungen*) dont la fonction dans la vie, religieuse ou profane, était compréhensible pour tous et ne se réduisait pour personne à un objet de plaisir esthétique. Peut-on leur appliquer comme tel le concept de vécu esthétique sans mutiler leur être véritable ?[1]

Pour tenter de répondre à cette question, Gadamer se propose de reconstituer l'histoire du concept de « conscience esthétique ». Le sens même de ce dernier terme n'est plus pour nous celui qu'il avait pour Kant qui a donné le nom d'« esthétique transcendantale » à la théorie de l'espace et du temps et qui comprenait la doctrine du beau et du sublime dans la nature et dans l'art comme une « critique du jugement esthétique ». Car chez Kant l'art est encore vu dans un rapport de complémentarité *positive* avec la nature. Mais lorsque, comme chez Schiller, l'art s'oppose à la réalité et est compris à partir de cette opposition, il constitue un point de vue propre et s'autonomise. De par ce déplacement interne qui se produit dans la base ontologique de l'esthétique schillerienne, l'élan initial des *Lettres sur l'éducation esthétique de l'homme*, comme le dit très bien Gadamer, se modifie dans sa réalisation, « ce qui était éducation par l'art devient, comme l'on sait, éducation à l'art »[2], et Schiller qui voulait surmonter le dualisme kantien

1. *VM.*, pp. 98-99 (87).
2. *Ibid.*, p. 100 (88).

de la liberté et de la nature ne parvient en fait qu'à instaurer un dualisme plus profond encore entre l'art et la réalité. Ce qui caractérise l'idée schillérienne de culture esthétique, c'est le refus de reconnaître l'appartenance de l'œuvre d'art à son monde : l'œuvre d'art est ainsi, en tant qu'objet de l'expérience esthétique, le produit d'une abstraction, celle par laquelle en mettant à l'écart son milieu de vie et la fonction religieuse ou profane qu'elle remplissait, on ne veut plus voir en elle qu'une « pure œuvre d'art ». Gadamer nomme « distinction esthétique » (*ästhetische Unterscheidung*) l'opération d'abstraction à laquelle procède la conscience esthétique[1]. Elle fait ainsi abstraction de toutes les conditions d'accès à l'œuvre, et donc par exemple de son exécution, pour viser l'œuvre d'art comme un « en soi ». Par le fait qu'elle élève à la simultanéité tout ce qu'elle reconnaît comme art, elle procure à cette simultanéité historisante ces lieux que sont le musée, la bibliothèque, la salle de concert et le théâtre. La distinction esthétique fait par là perdre non seulement à l'œuvre son lieu et le monde auquel elle appartient, mais aussi à l'artiste lui-même, qui crée « librement » sans recevoir de commande et qui, du fait de l'indépendance totale de sa création, se met à l'écart de la société ordinaire[2].

L'opération de la conscience esthétique consiste donc à s'en tenir à « l'esthétique pur », à la perception pure de l'œuvre d'art. Or pour Gadamer l'accès à l'œuvre d'art ne peut être la perception. On peut en effet appliquer à la conscience esthétique la critique de la perception pure que l'on trouve chez Heidegger, qui a bien montré que la perception n'est pas le simple reflet de ce qui est et consiste au contraire à appréhender quelque chose *comme* telle ou telle chose déterminée et à articuler ce qui se présente en le saisissant comme significativité. De même ce que la conscience esthétique perçoit, ce n'est pas la pure présence subsistante de l'œuvre d'art, mais un ensemble signifiant qui pour être compris exige une véritable « lecture »,

1. *VM.*, p. 103 (91).
2. *Ibid.*, p. 105 (93) : « Le concept de bohême, qui naît au XIXe siècle, reflète cette évolution. La pays natal des nomades devient le concept générique du style de vie de l'artiste ». On ne peut s'empêcher de penser ici au roman d'Henri Murger, *Scènes de la vie de bohême* (1847) qui servit de base à Puccini pour son opéra *La Bohême* et dont l'importance fut grande dans la caractérisation de la figure de l'« artiste » moderne.

c'est-à-dire l'articulation de ses différents éléments dans l'unité d'un sens. Il n'y a donc pas de pure réceptivité esthétique : « Même quand nous entendons, par exemple, de la musique pure, il nous faut la comprendre »[1], déclare Gadamer. Car même si nous n'y percevons pas de contenus ayant objectivement un sens, sa compréhension n'en reste pas moins liée à ce qui a du sens. Car il en va ici de même que dans l'art dit abstrait qui maintient de manière négative son lien avec le figuratif. Il ne peut en effet y avoir de vision esthétique que si l'on fait abstraction de l'utilité pratique de l'objet considéré, ce qui implique que celle-ci ne soit pas totalement écartée, puisque « ce dont on fait abstraction, on ne peut pas ne pas le voir, bien plus, on ne le perd pas de vue »[2]. La pure vision ou la pure audition sont donc des abstractions qui relèvent d'un « formalisme absurde », puisque dans l'œuvre d'art, il n'y a jamais aucune matière encore en attente de sa forme, mais au contraire toujours l'unité déjà réalisée de la forme et du sens.

À la pure vision esthétique, Gadamer oppose l'idée d'une expérience esthétique qui est une manière de se comprendre soi-même, ce qui implique que soit abandonnée l'immédiateté de l'*Erlebnis* et son caractère discontinu et ponctuel comme seul rapport possible à l'œuvre d'art au profit de l'exigence de continuité et d'unité qui est celle de la compréhension et de la connaissance de soi. Car Gadamer refuse de déposséder l'art de toute prétention à la vérité et voudrait définir la tâche de l'esthétique comme celle de la fondation de l'expérience de l'art comme mode de connaissance *sui generis*. *C'est donc pour rendre justice à l'expérience de l'art qu'il a procédé à la critique de la conscience esthétique.* Il s'agit maintenant, dans le deuxième temps de cette première partie de *Vérité et méthode*, de montrer que l'expérience de l'art inclut la compréhension et représente en elle-même un phénomène herméneutique.

1. *VM.*, p. 109 (97).
2. *Ibid.*, note 174. Pour Gadamer, l'opposition faite à l'époque contemporaine entre art abstrait et art figuratif conduit à une impasse, car l'art dit abstrait continue à maintenir négativement un lien avec l'art figuratif.

2. *La signification ontologique de l'œuvre d'art et le concept de jeu*

C'est à partir du concept de jeu que Gadamer entend éclairer la signification ontologique de l'œuvre d'art. Ce concept a joué un grand rôle en esthétique, chez Kant et chez Schiller, et il importe d'abord de le dépouiller de la signification subjective qu'il a chez ces penseurs et dans toute l'esthétique et l'anthropologie modernes. On vient de voir, au cours de l'analyse de la conscience esthétique, que l'œuvre d'art ne peut pas être considérée comme un objet placé en face d'un sujet, mais que le *subjectum* véritable de l'expérience de l'art, ce qui subsiste et perdure, ce n'est pas la subjectivité qui la fait, mais l'œuvre d'art elle-même. Or le jeu a lui aussi une existence indépendante de la conscience de ceux qui jouent et ce ne sont pas les joueurs qui sont le sujet du jeu, mais c'est le jeu lui-même qui à travers les joueurs se donne à voir et accède ainsi à la représentation[1]. Ce qui constitue le jeu au sens le plus large de ce terme et dans la pluralité de ses acceptions, c'est l'idée d'un mouvement de va-et-vient sans but et dépourvu de substrat. Gadamer souligne avec force que le sens premier du jeu est un sens moyen, au sens où l'on définit du point de vue grammatical la voix moyenne comme n'étant ni passive, ni active[2]. C'est ce sens moyen qui atteste le *primat* du jeu par rapport à la conscience du joueur, lequel est absorbé par le jeu et n'en a pas l'initiative. Car il est impossible de jouer tout seul, non pas au sens où il serait absolument indispensable qu'un autre joueur participe effectivement au jeu, mais au sens où il doit toujours y avoir un élément distinct du joueur avec lequel il puisse jouer et qui riposte

1. *VM.*, p. 120 (108). Le terme qu'utilise ici Gadamer est *Darstellung* dont il faut rappeler qu'il traduit chez Kant le latin *exhibitio*, mais qu'il est aussi utilisé en allemand pour désigner la représentation théâtrale. Voir à ce sujet la note des traducteurs de *Vérité et Méthode, op. cit.*, p. 120, qui se termine ainsi : « Si l'usage le permettait, il faudrait pouvoir traduire *Darstellung* par (re)présentation ». C'est ce que l'on a tenté de faire ici.
2. *Ibid.*, p. 122 (109). Rappelons que le moyen exprime l'intérêt ou la part que le sujet prend à l'action. La voix moyenne est ainsi la voix de la participation.

spontanément à son initiative, comme c'est le cas de la pelote de laine pour le chat. C'est donc le jeu qui tient le joueur sous le charme et qui le prend dans ses filets. L'essence propre du jeu, ce qui fait sa légèreté et son absence d'effort, c'est le fait qu'il ne constitue pas une conduite orientée vers des buts et qu'il se borne ainsi à se donner en représentation. Son mode d'être est la pure présentation de soi, la *Selbstdarstellung*. Certes le jeu humain consiste toujours à jouer à quelque chose, et donc à se donner des fins apparentes, mais le sens du jeu ne consiste pas vraiment à atteindre ces buts, mais à organiser et configurer le mouvement ludique lui-même. S'adonner à la tâche ludique est ainsi une manière de s'identifier totalement au jeu, de se perdre en lui, ce qui implique que le jeu est par essence représentation, mais non nécessairement spectacle, c'est-à-dire représentation pour un autre. Lorsque le jeu se transforme en spectacle, il s'opère un changement total de direction : c'est maintenant pour le spectateur et en lui que le jeu se joue.

Car le jeu n'atteint son véritable accomplissement, qui est de devenir art, que dans sa transmutation en œuvre, c'est-à-dire en tant qu'il s'autonomise en *Gebilde*, en figure permanente et répétable. Gadamer emploie le terme fort de *Verwandlung*, transmutation[1], pour indiquer par là qu'il ne s'agit pas d'un simple changement laissant subsister au-dehors de lui l'identité de ce qui change, mais d'un véritable passage à autre chose qui frappe de nullité l'être antérieur. Or dans ce contexte, ce qui n'existe plus, ce sont les joueurs dans leur indépendance à l'égard du jeu. Car d'eux on ne peut plus dire qu'ils ne font que jouer, car cela supposerait qu'ils donnent le change, qu'ils *simulent* de façon à être pris pour quelqu'un d'autre. Or cette distinction subjective de soi et du jeu que l'on pratique quand on « fait semblant » n'est pas l'être véritable du jeu, et la métamorphose en œuvre ne doit pas être comprise comme un simple transfert dans un autre monde. Le jeu se déroule certes dans un monde clos sur lui-même qui est autre que le monde ordinaire quotidien. Mais en tant qu'œuvre, que figure, il trouve sa mesure en lui-même et non pas en

1. *VM.*, p. 128 (116).

quelque chose qui lui serait extérieur. C'est par exemple le cas de l'action dramatique qui ne tolère plus aucune comparaison avec la réalité et constitue donc par elle-même une vérité supérieure. Car la métamorphose dont parle ici Gadamer est précisément celle qui nous fait entrer dans le *vrai*, la représentation par le jeu faisant émerger ce qui est et le portant ainsi au jour. Une telle métamorphose consiste à saisir l'ensemble de la réalité comme un cercle clos de significations dans lequel tout est accompli, alors que ce qui caractérise d'ordinaire la réalité, c'est précisément le suspens du futur et la pluralité de possibilités qui s'esquisse en lui. La référence au théâtre, et tout particulièrement à la tragédie, est ici plus qu'un « exemple » permettant de mettre au jour la structure de l'être esthétique en général. Il faut rappeler à cet égard que chez les tragiques grecs, l'action tragique se déroule dans une temporalité close qui présuppose que tout a déjà été accompli.

C'est à partir de là que l'on peut comprendre la théorie antique de l'art qui fonde celui-ci sur la *mimesis*, l'imitation. Car la *mimesis* a ici un sens cognitif et consiste à représenter ce qui est connu. Il faut que la représentation ne laisse subsister que le représenté et que s'efface la différence entre l'acteur et son rôle : comme le dit bien Aristote dans sa *Poétique*, « on se plaît à la vue des images parce qu'on apprend en les regardant et on déduit ce que représente chaque chose, par exemple que cette figure, c'est un tel »[1]. Car la joie de la reconnaissance ne consiste pas ici simplement à connaître à nouveau ce que l'on connaît déjà, mais à le saisir dans son essence. La relation mimétique implique donc non seulement que le représenté soit présent, mais que sa venue à la présence ait gagné en vérité, ce qui veut dire qu'il ne s'agit pas là d'une simple répétition, mais d'une mise en relief qui advient pour le spectateur. Gadamer souligne ainsi avec force que le concept d'imitation a pu suffire à fonder la théorie de l'art aussi longtemps que l'on a reconnu à l'art une signification cognitive[2]. C'est à cette ancienne tradition que Gadamer veut nous renvoyer à partir du moment où le subjectivisme de l'expérience purement esthétique de l'art est mis en

1. Aristote, *Poétique*, 1448 b 10.
2. *VM.*, p. 133 (121).

question et où la *Darstellung*, la représentation, est reconnue comme constituant le mode d'être de l'art lui-même. Car alors le spectateur auquel le jeu s'adresse ne constitue pas un pur vis-à-vis, mais est au contraire inclus en celui-ci. Cela a pour conséquence que la représentation d'un spectacle ne peut pas être séparée de celui qui le regarde et qui a part à son essence même, et que c'est au contraire dans l'exécution, comme le montre l'exemple de la musique, que l'on rencontre l'œuvre d'art elle-même. L'œuvre d'art n'est donc que par abstration appauvrissante séparable des conditions d'accès sous lesquelles elle se montre et appartient elle-même au monde dans lequel elle se présente. Gadamer en conclut que l'œuvre n'a pas d'existence indépendante de sa représentation ou exécution : « Au fond, il n'y a véritablement drame que quand il est joué et il faut absolument que la musique se fasse entendre »[1]. Sa thèse s'énonce par conséquent ainsi : l'être de l'art ne peut pas être défini comme l'objet d'une conscience esthétique précisément parce que cette dernière fait elle-même partie du processus ontologique de la représentation.

L'œuvre d'art ne parvient donc à la plénitude de son être que *dans* la représentation et le jeu, ce qui implique qu'elle n'est pas un en soi qui aurait besoin pour être rencontré d'une médiation lui demeurant accidentelle, mais c'est au contraire seulement dans et par cette médiation qu'elle acquiert son être véritable. On ne peut donc considérer la variété des exécutions d'une œuvre comme une variété simplement subjective de conceptions de celle-ci, mais comme des possibilités d'être propres à l'œuvre qui s'interprète pour ainsi dire elle-même dans la variété de ses aspects. C'est en effet l'œuvre d'art elle-même qui pose l'exigence de justesse de sa propre représentation. Car il faut à cet égard rejeter l'idée absurde d'une représentation qui serait seule exacte et qui se voudrait par exemple fidèle d'un point de vue historique, comme c'est le cas de la musique interprétée sur des instruments anciens lorsqu'elle ne vise qu'à recréer les conditions antérieures de l'exécution de l'œuvre et ne se règle pas, comme le doit toute interprétation, sur la figure même de l'œuvre. Il s'agit là, note

1. *VM.*, p. 134 (122).

avec justesse Gadamer, d'imitations d'imitations, qui tombent légitimement sous le coup de la condamnation platonicienne d'un art « s'écartant triplement de la vérité », puisque le critère n'est pas ici l'œuvre elle-même dans son idéalité, mais la représentation qui en fut donnée à l'époque de sa création et que la recréation ainsi tentée se règle non sur la figure de l'œuvre créée, mais sur un acte créateur antérieur. Mais cela ne veut pas dire *a contrario* que l'interprétation doive utiliser le texte d'une œuvre musicale ou d'un drame comme l'occasion de créer des effets quelconques, car il s'agit dans toute interprétation de la *recréation*, certes toujours marquée par l'histoire, d'une œuvre dont l'idéalité est précisément parvenue à dépasser les bornes de cette dernière[1].

À la distinction esthétique de l'œuvre et de son exécution, Gadamer oppose donc la non-distinction entre la médiation et l'œuvre elle-même en tant que c'est cette médiation elle-même qui constitue la véritable expérience de l'œuvre, et il fait remarquer que le fait que la conscience esthétique ne parvienne à distinguer entre l'œuvre et son exécution que de manière critique, c'est-à-dire là où la médiation échoue, ne fait que renforcer sa thèse, à savoir que la véritable expérience de l'œuvre d'art est celle d'une *médiation totale*, au sein de laquelle l'élément médiatisant se supprime lui-même, comme c'est le cas, pourrions-nous ajouter, dans l'acte de communication langagière lorsqu'il est réussi, où l'accès au sens est immédiat et où son véhicule langagier se fait entièrement oublier.

3. *La* Darstellung *comme mode d'être de tout art*

Par le concept de jeu, et par celui de transmutation en œuvre, qui caractérise le jeu de l'art, Gadamer a essayé de montrer que la « représentation », c'est-à-dire la diction de la poésie ou l'exécution de l'œuvre musicale est quelque chose d'essentiel et non d'accidentel, ce qui implique de reconnaître la temporalité spécifique de l'art qui a

1. *VM.*, p. 137 (125).

son être dans la représentation et qui doit à l'exécution de parvenir à l'existence en tant que phénomène autonome. Il y a en effet, souligne Gadamer, une temporalité et non pas une intemporalité de l'être esthétique, du fait que ce dernier est inséparable de sa phénoménalisation dans la représentation. Mais cette temporalité est tout à fait spécifique, c'est celle d'un être qui est par essence toujours autre et ne se donne que dans la répétition. Gadamer trouve le paradigme d'une telle temporalité dans la fête qui n'existe que dans sa célébration à chaque fois nouvelle et par la participation actuelle du spectateur. L'œuvre d'art, loin d'être soustraite au temps, a au contraire, comme l'acte cultuel, le mode d'être de la *contemporanéité* (*Gleichzeitigkeit*), qu'il ne s'agit pas de comprendre au sens d'une simple coexistence temporelle entre la conscience esthétique et l'objet artistique[1]. Faire partie, pour celui qui y assiste, de la temporalité de la représentation artistique ou de l'action liturgique signifie en effet se donner pour tâche d'opérer une médiation si totale entre le présent propre au spectateur et la venue en présence de l'œuvre dans sa représentation qu'il ne soit plus possible de les distinguer.

Mais il s'est agi jusqu'à présent seulement de ces arts transitoires qui exigent l'exécution que sont le théâtre et la musique et la question se pose de savoir si l'on peut appliquer une telle conception ontologique de l'œuvre d'art aux arts que l'on nomme plastiques, où il semble au premier abord que l'œuvre a une identité si manifeste qu'elle ne supporte aucune variété de *Darstellung,* de présentation, et qu'étant immédiatement accessible, elle n'exige aucune médiation. Il semble donc que dans ce domaine la distinction esthétique demeure pleinement valable et qu'elle parvienne à rendre parfaitement compte de l'être du tableau, à savoir de la toile moderne, qui n'est liée à aucun endroit fixe et qui, grâce au cadre qui l'entoure, « s'offre dans une autonomie parfaite, rendant possible de la sorte une juxtaposition livrée à l'arbitraire, comme le montre la galerie moderne »[2]. Une telle œuvre d'art semble parfaitement correspondre à l'exigence d'abstraction qui est celle de la conscience esthétique et devient même le para-

1. *VM.*, pp. 145-46 (132-33).
2. *Ibid.*, p. 152 (139).

digme de toute œuvre d'art comme telle en tant que celle-ci, coupée de ses liaisons avec la vie et arrachée à son monde, se prête à la constitution de collections[1]. Gadamer n'entreprend pourtant pas de retracer l'histoire du concept de tableau tel qu'il s'est imposé depuis la Renaissance ; il se propose simplement de procéder à une analyse du mode d'être de ce que l'allemand nomme *Bild*, et que l'on peut traduire à la fois par tableau et par image. Peut-on retrouver au niveau du *Bild* ce qui a été défini comme mode d'être de l'art, à savoir la représentation (*Darstellung*) ? Il faut d'abord pour cela distinguer la copie (*Abbild*) de l'image (*Bild*). La copie vise à sa propre suppression en tant que pure reproduction d'un original. Mais l'image n'est pas, elle, un moyen en vue d'une fin et elle ne se borne pas à détourner l'attention d'elle-même pour la tourner vers l'original. C'est la raison pour laquelle Gadamer peut affirmer que la non-distinction entre représentation et représenté demeure un trait essentiel de l'expérience de l'image. Au contraire de la copie, l'image, pour assurer l'être du représenté, fait valoir son être propre. C'est ce qui explique que la relation entre image et original ne soit pas à sens unique, comme elle l'est dans le cas de la copie, puisqu'il n'y a véritablement image que *si l'original ne se présente « en personne » que dans l'image*[2]. Car par la représentation l'original acquiert pour ainsi dire un *surcroît d'être*.

1. On trouve chez Heidegger la même critique d'un devenir objet de l'œuvre lorsque celle-ci est arrachée à son monde d'origine, prend place dans une collection et se voit soumise au marché de l'art. Cf. « L'origine de l'œuvre d'art », in *Chemins qui ne mènent nulle part*, Paris, Gallimard, 1980, pp. 42-43.
2. On rencontre chez Heidegger la même insistance à distinguer la copie de l'image, mais à propos de la poésie et dans le commentaire qu'il donne de certains vers de Hölderlin : « L'essence de l'image (*Bild*) est de faire voir quelque chose. Par contre les copies et les imitations sont déjà des variétés dégénérées de la vraie image qui, comme aspect, fait voir l'invisible et ainsi l'"imagine", le faisant entrer dans une chose qui lui est étrangère. C'est parce que la poésie prend cette mesure mystérieuse, nous voulons dire la prend à l'aspect du ciel, qu'elle parle "en images". Aussi les images poétiques sont-elles par excellence des imaginations (*Ein-Bildungen*) : non pas de simples fantaisies ou illusions, mais des imaginations en tant qu'inclusions visibles de l'étranger dans l'apparence du familier » (*Essais et conférences*, Paris, Gallimard, 1958, pp. 240-241). Comme le note le traducteur, dire que l'image « imagine » (*einbildet*) l'invisible, c'est dire qu'elle le fait entrer dans une forme (*ein-bildet*), à la différence de la copie qui ne fait que reproduire une forme déjà existante.

Gadamer voit dans cette signification ontologique de l'image la raison de fond qui a présidé au rejet par les Pères de l'Église de l'interdit judaïque de la représentation du divin en image : car dans ce rejet ils se sont appuyés sur l'idée néoplatonicienne d'émanation, qui fait éclater les bornes de l'ontologie grecque de la substance et fonde sur l'idée d'une surabondance de l'émané, qui ne diminue pas l'être de ce dont il émane, le rang ontologique *positif* de l'image qui a permis le développement des arts plastiques en Occident. Car l'image a alors la fonction ontologique de « suppléance », la représentation (*Repräsentation*) au sens de *Vertretung*, vicariance. Dans cette perspective, l'image a une autonomie qui rejaillit par contrecoup sur le modèle lui-même. Car ce n'est que grâce à l'image que le modèle *devient* réellement l'original. Il y a là un paradoxe : ce n'est qu'à l'image que le modèle doit de venir à la figuration et pourtant l'image n'est rien d'autre que la manifestation du modèle. C'est ce que l'image religieuse, plus encore que l'image profane, met pleinement en valeur. Ce n'est en effet que par la parole ou l'image que la manifestation du divin prend corps, au contraire des images des personnages profanes, par exemple de l'image du souverain et des héros. La signification de l'image religieuse est donc *exemplaire*, car elle manifeste de manière incontestable que l'image n'est pas une copie, mais qu'elle est liée de manière ontologique à l'être qu'elle porte à l'image[1]. Il apparaît une fois de plus, que du point de vue *ontologique*, et par opposition au point de vue de l'esthétique moderne, l'art est en rapport essentiel avec le phénomène religieux ou cultuel[2].

On voit ainsi que l'image, tout comme le jeu, est un processus ontologique qui ne peut pas être compris si on en fait l'objet d'une conscience esthétique et qui ne s'éclaire dans sa structure ontologique qu'à partir du concept de *Darstellung*, de représentation au sens de présentation ou figuration. Or avec cette ontologie de l'image, c'est le privilège accordé au tableau, qui prend place dans une collection et qui correspond à l'objet d'une conscience esthétique, qui se voit invalidé.

1. *VM.*, p. 161 (147-148).
2. *Ibid.*, p. 169 (155-156) : « Toute œuvre d'art a quelque chose de sacré ». Pour Gadamer, en effet, la différence entre profane et sacré, tout comme entre abstrait et figuratif, demeure relative.

Car l'image, contrairement au tableau, contient une référence intrinsèque à un monde. C'est en prenant comme fil conducteur l'exigence, interne à l'œuvre d'art, de la représentation que Gadamer est amené à réhabiliter certaines expressions artistiques qui sont considérées comme ayant une position marginale dans l'esthétique moderne, tels que le portrait, le poème dédicatoire et l'allusion, dans le théâtre, aux faits et aux personnages de l'époque. Ce que ces phénomènes ont en commun pour la conscience esthétique, c'est le caractère d'occasionnalité. Or ce caractère est interne à l'exigence même de l'œuvre, ce qui explique que ces formes d'art ne trouvent pas leur place dans l'esthétique fondée sur le concept d'*Erlebnis*, de vécu. Il n'y a occasionnalité, au sens que Gadamer donne à ce mot, que lorsque l'exigence de sens qui est celle de l'œuvre même implique qu'elle renvoie à un modèle déterminé. Il ne s'agit donc pas de la lecture « historisante » que l'on peut faire par exemple d'un tableau en y cherchant des traits d'époque, car dans ce cas la référence aux modèles extérieurs à l'œuvre provient d'une interprétation subjective. Gadamer ne voit dans une telle occasionnalité aucun préjudice porté à la signification esthétique de l'œuvre. Bien au contraire : l'« occasion » en question n'est qu'un cas particulier de la condition générale qui est celle de l'œuvre d'art, à savoir celle de sa venue à la représentation qui fait que sa signification reçoit par là un supplément de détermination : « Être fixé dans un tableau, ou être celui auquel on s'adresse dans un poème, être l'objet d'une allusion sur scène, ce ne sont pas là des choses accessoires, extérieures à l'essence, mais bien des présentations (*Darstellungen*) de cette essence même »[1]. Remarquons qu'il s'agit alors de considérer ces formes d'art marquées par l'occasionnalité comme de véritables images, au sens défini plus haut : dans le portrait par exemple, la référence au modèle ne doit pas être comprise comme une *re*-production ou une *re*-présentation, mais comme une présentation *originaire* de ce qui ne s'offre pas au regard habituel, à savoir l'être ou l'essence du modèle[2].

1. *VM.*, p. 165 (152).
2. C'est ce qui a conduit Heidegger à définir l'œuvre d'art comme « l'être étant » *(das seiende Sein)* : au sens où l'art amène l'être lui-même au paraître dans l'étant, où il est mise en œuvre de la vérité (*Introduction à la métaphysique*, Paris, PUF, 1958, p. 173).

C'est à partir de cette analyse que Gadamer met en évidence la *Darstellung* comme mode d'être de l'œuvre d'art en général, selon lequel l'œuvre d'art dramatique, musicale ou plastique est conçu comme un *événement ontologique*. Car l'image se situe à mi-chemin entre les deux extrêmes du signe et du symbole, du pur renvoi et de la fonction de suppléance. L'image certes renvoie à quelque chose, mais elle nous fait séjourner en lui : elle n'est pas, comme le signe conventionnel, séparée de ce qu'elle représente, mais a au contraire part à son être. C'est cette *participation ontologique* qui la rend proche du symbole, qui, lui, tient lieu de ce qu'il représente. Mais dans leur lieutenance ou vicariance, les symboles reçoivent leur fonction ontologique de représentation de ce qu'ils doivent représenter. L'image, elle, exerce *par elle-même* une fonction de représentation, ce qui signifie que le représenté est en elle davantage présent, il est tel qu'il est *en vérité*. De plus, le signe et le symbole ont en commun d'être institués, et cette institution confère signification à ce qui n'en a pas, signe ou emblème. Il n'en va pas de même de l'image : telle œuvre d'art plastique par exemple est signification *avant* d'être instituée comme monument dans la cérémonie publique de son inauguration, car c'est elle même qui prescrit ce contexte fonctionnel et qui contribue à le former.

Gadamer souligne qu'à cet égard on voit accéder à la place d'honneur des formes d'art qui représentent des cas limites du point de vue de l'art du vécu et de la conscience esthétique, comme l'architecture, dont les œuvres s'insèrent dans un contexte de vie, ne perdent jamais leur signification pratique et ne peuvent être réduites à un simple « objet » esthétique, si ce n'est pour le touriste ou le photographe. L'architecture est en effet indélébilement marquée par son appartenance au monde. Elle donne configuration à l'espace et, en tant que telle, elle donne place à la représentation de tous les autres arts. Son point de vue est celui de la décoration, que Gadamer entend également réhabiliter. Car l'essence de la décoration consiste à la fois à attirer sur soi l'attention de l'observateur et à détourner celui-ci d'elle-même pour le faire entrer dans la totalité de l'environnement qu'elle crée ainsi. C'est dans l'exemple de l'architecture que le préjugé de la conscience esthétique selon lequel l'œuvre d'art s'offrirait comme l'objet d'un *Erlebnis* esthétique s'avère le moins tenable. Car l'architecture ne cherche que l'« effet d'accompagnement », elle ne s'impose pas de manière frontale à la conscience esthétique. C'est à partir de là que l'art décoratif peut être réhabilité et distingué de l'art appliqué, ce qui exige de ne pas voir en lui qu'un moyen. L'ornement ou le décor sont représentatifs dans le même sens que l'est l'œuvre d'art sur laquelle ils sont placés.

C'est donc paradoxalement le concept de décoratif qui donne sa forme définitive à la problématique gadamérienne de l'œuvre d'art qui ne peut, comme le déclarait Heidegger dans « L'origine de l'œuvre d'art »[1], ouvrir un monde et rendre possible un mode de vie que si elle ne s'impose pas comme objet. Cette détermination de l'être esthétique comme événement ontologique peut même être étendue au cas-limite de l'œuvre littéraire qui, comme Sartre l'a de son côté bien mis en évidence, appelle essentiellement la lecture et relève elle aussi de la *Darstellung*[2].

Gadamer a ainsi montré que le phénomène de l'art constitue un cas privilégié de compréhension, et non pas simplement un objet de pure contemplation[3]. Contre l'abstraction esthétique, il faut affirmer que l'œuvre d'art, comme tous les objets historiques, ne peut être

1. M. Heidegger, *Chemins qui ne mènent nulle part*, Paris, Gallimard, 1980, p. 47 : « Quand l'œuvre d'art en elle-même se dresse, alors s'ouvre un *Monde*, dont elle maintient à demeure le règne. »

2. Cf. J.-P. Sartre, *Qu'est-ce que la littérature ?*, Paris, Gallimard, 1948. Pour Sartre, l'œuvre d'art littéraire n'existe pas de manière objective, mais seulement dans l'acte de lire et ne dure que le temps de la lecture. Or l'écrivain ne peut pas lire, il ne peut pas se lire lui-même, selon Sartre, parce que lire suppose la tension vers l'avenir, l'anticipation. Celui qui écrit ne peut pas en se lisant anticiper, puisque c'est lui l'auteur et qu'il sait donc déjà ce qui va arriver. L'écrivain ne sort pas de lui-même, du subjectif, il ne peut aller jusqu'à l'*objet* littéraire. Il ne peut donc pas ressentir ce qu'il écrit. Sartre en conclut qu'on n'écrit jamais pour soi. Car si l'auteur était seul au monde, son œuvre ne deviendrait jamais objective. Il faut pour cela qu'il soit lu par un autre. L'acte d'écrire est en lui-même incomplet : il exige son corrélat ou son complément, la lecture. La littérature exige donc à la fois un auteur et un lecteur. Et ce dernier constitue l'œuvre tout autant que l'auteur.

3. C'est la notion même de « spectateur qui ne participe pas », si chère à Husserl, qui est ici en question, en même temps que l'essence même de l'attitude dite « théorique ». Gadamer rappelle à ce propos « le concept de communion sacrale qui se trouve à la base du concept grec originel de *theoria* » et souligne que la *theoria* est en réalité une véritable participation (*VM.*, p. 142).

comprise qu'en référence au monde auquel elle appartient. Mais ce qui différencie pourtant l'œuvre d'art d'un simple objet historique, c'est qu'elle est capable de vaincre la distance temporelle et de se *présenter* à nous dans sa vérité. Comprendre une œuvre d'art ne signifie donc pas simplement la replacer dans son contexte d'origine, car alors on instaure avec elle un rapport simplement historisant, mais la recréer, c'est-à-dire l'amener *effectivement* à la *présence*. La compréhension est ici, comme toujours, une répétition. Mais à la répétition tournée vers le passé et qui ne vise qu'à sa restitution, il faut préférer la répétition qui ouvre l'avenir en redonnant vie à ce qui a été. Seule une telle répétition, qui est recréation, demeure fidèle à l'historicité radicale de l'art.

À la naissance des choses : le dessin

« *I*L SE PEUT QUE LE DESSIN soit la plus obsédante tentation de l'esprit... Est-ce même de l'esprit qu'il faut dire ? Les choses nous regardent. Le monde visible est un excitant perpétuel : tout réveille ou nourrit l'instinct de s'approprier la figure ou le modelé de la chose que *construit le regard* ». Voilà ce qu'écrivait Paul Valéry dans un livre paru en 1936, intitulé *Degas Danse Dessin*, et accompagné de gravures reproduisant des compositions originales de Degas[1]. Obsession du dessin : le mot est lâché, qui définit peut-être au plus près – Valéry a raison de s'interroger – cet esprit qui, en l'homme, ne se manifeste pas seulement par la production de sons et d'un langage articulés, mais aussi par le mouvement et l'œuvre de la main, dont Heidegger remarquait qu'elle ne fait pas que saisir et attraper, mais qu'elle est aussi capable d'offrir et de recevoir, de tracer des signes et de montrer[2].

Qu'est-ce en effet que le dessin, sinon, comme son nom même l'indique, la représentation des choses « par leurs proportions seules, comme autant de signes » : c'est là du moins la définition qu'en donne Félix Ravaisson, philosophe et grand dessinateur, en rappelant l'étymologie du mot français dessin qui, à travers l'italien *disegno*, vient du latin *signum*, tout comme l'allemand *Zeichnung* vient de

1. Cf. P. Valéry, *Œuvres*, Paris, Gallimard, Pléiade, 1960, tome II, pp. 1211-1212.
2. M. Heidegger, *Qu'appelle-t-on penser ?* trad. A. Becker et G. Granel, Paris, PUF., 1959, p. 90.

Zeichen, signe[1]. Pour Ravaisson, qui fut un fervent admirateur de la peinture italienne et qui vit en Léonard de Vinci la personnification même de l'art, le dessin proprement dit, en tant qu'il s'oppose à l'architecture et à la sculpture par le fait qu'il nous offre non pas les proportions des choses, mais leurs apparences, et qu'il se distingue de la peinture dans la mesure où il se borne aux formes seules sans les couleurs, s'élève à un « degré supérieur d'abstraction » en ne donnant des choses que ces « signes plus abrégés » que sont les formes visibles. Il n'est ainsi rien d'autre que « la reproduction sur une simple surface d'un tableau visuel, tel que celui sur lequel nous apparaissent les choses »[2]. Car, affirme Ravaisson, ce qui est l'objet de la vision, c'est un tableau qui se peint sur notre œil, ce qui nous est donné dans la perception, ce ne sont point les choses, mais des signes qui nous les représentent en abrégé, de sorte que c'est par une opération mentale inconsciente que nous remontons des projections perspectivistes des choses telles qu'elles se forment sur notre rétine jusqu'à leurs proportions réelles.

La perception est donc déjà en elle-même un ensemble de signes, un « langage muet » ou un texte chiffré que le dessin a pour tâche de reproduire, ce qu'il ne peut faire que si ce texte a d'abord été correctement décrypté. Ce qui implique, selon Ravaisson qui conçoit encore, à la manière classique, la perception comme un jugement, toute une réélaboration des données de la vision :

> De là, il résulte que si les arts du dessin en général consistent à représenter, telles qu'elles sont ou qu'elles doivent être, les proportions des choses, savoir dessiner c'est savoir les estimer de l'œil. Exécuter, ce n'est que traduire et appliquer à une matière quelconque le jugement que l'œil a porté sur les proportions. Dès lors, comme le dit ce même maître que nul n'a pourtant surpassé pour la perfection de l'exécution, « le principal de l'art consiste dans le bon jugement de l'œil » – « Les mains exécutent, disait Michel-Ange, et l'œil juge ». C'est pour cela, dit encore Léonard, que l'art n'est point, comme plusieurs se l'imaginent, une chose mécanique, mais une chose intellectuelle, *cosa mentale*[3].

1. F. Ravaisson, « Léonard de Vinci et l'enseignement du dessin » in *L'art et les mystères grecs*, Paris, L'Herne, 1985, p. 41.
2. *Ibid.*
3. *Ibid.*, p. 37.

Le dessin est par conséquent une affaire de l'esprit plus encore que de l'œil et il consiste non pas à reproduire passivement les données visuelles, mais à représenter les seules apparences visibles des choses, qui sont moins à vrai dire *ce* que nous percevons dans la vie ordinaire que *ce à l'aide* de quoi nous percevons :

> De cela même, en effet, qu'au lieu du raccourci de la réalité, que nous présente si souvent l'apparence visible, nous croyons voir la réalité même, et que nous lui rendons, par un jugement dont nous n'avons pas conscience, les dimensions que nous lui supposons, il résulte que ce n'est qu'avec beaucoup de peine que nous parvenons à voir simplement l'apparence telle qu'elle est sur le tableau visuel, telle aussi qu'elle doit être sur la reproduction que le dessin a pour objet d'en faire[1].

Pour dessiner, il ne suffit donc pas de voir, il faut au contraire exercer sa vision, parvenir à voir « l'apparence telle qu'elle est », et pour cela épurer la perception de toute la croyance qu'elle contient et prendre conscience du travail de construction de l'objet que comporte toute perception ordinaire. Dessiner exige par conséquent la pratique d'une ascèse, d'une sorte d'*epokhè*, semblable à cette mise entre parenthèses de ce que Husserl nomme « l'attitude naturelle » de croyance en la positivité et en la présence déjà accomplie des choses, puisque c'est seulement par cette « mise hors jeu » de la vision ordinaire que la conscience s'ouvre à la dimension de la phénoménalité. Car, comme le reconnaît à son tour Heidegger, « c'est justement parce que les phénomènes, de prime abord et le plus souvent, *ne* sont *pas* donnés qu'il est besoin de la phénoménologie »[2]. Husserl a été amené à affirmer, dans ce premier exposé de la réduction transcendantale qu'est le cours qu'il donne en 1907 sous le titre *L'idée de la phénoménologie,* que la tâche de la phénoménologie « n'est pas chose si triviale, comme si l'on n'avait qu'à simplement voir, qu'à simplement ouvrir les yeux » puisque « cela n'a proprement aucun sens de parler de choses qui sont tout simplement là et n'ont précisément besoin que d'être vues »[3]. Ce que Husserl entend par « constitution » ne doit cependant

1. F. Ravaisson, *op. cit.*, p. 44.
2. M. Heidegger, *Sein und Zeit*, Niemeyer, Tübingen, 1963, p. 36.
3. E. Husserl, *L'idée de la phénoménologie*, trad. A. Lowit, Paris, P.U.F., 1985, p. 114.

pas être compris comme une « construction » de l'objet par la pensée à partir des données sensibles, mais plutôt comme cet « acte » intentionnel qui consiste à faire voir la chose dans son objectivité. Ce à quoi la phénoménologie « constituante » permet d'assister, c'est en vérité à la *naissance* du vis-à-vis de la conscience et c'est pourquoi elle est par elle-même toujours déjà une phénoménologie « génétique ». Le regard « phénoménologique » ne se contente donc pas d'enregistrer passivement la pure donnée de la chose, il la fait apparaître et surgir comme son vis-à-vis, il *constitue* la chose en objet extérieur à la conscience et s'ouvre ainsi à son altérité. Or ce regard « phénoménologique » n'est pas seulement celui du philosophe, c'est aussi, comme l'affirme Husserl lui-même, celui de l'artiste[1]. C'est pourquoi, comme le note avec pertinence Valéry :

> Il y a une immense différence entre voir une chose sans le crayon dans la main et la voir en *dessinant*. Ou plutôt, ce sont deux choses bien différentes que l'on voit. Même l'objet le plus familier à nos yeux devient tout autre si l'on s'applique à le dessiner : on s'aperçoit qu'on l'ignorait, qu'on ne l'avait jamais véritablement *vu*. L'œil jusque-là n'avait servi que d'intermédiaire. Il nous faisait parler, penser ; guidait nos pas, nos mouvements quelconques ; éveillait quelquefois nos sentiments. Même il nous ravissait, mais toujours par des effets, des conséquences ou des résonances de sa vision, qui se substituaient à elle, et donc l'abolissait dans le fait même d'en jouir[2].

Quand l'œil sert d'intermédiaire à l'action, il ne se pose pas sur ce que Ravaisson nomme les apparences sensibles des choses, mais comme au-delà d'elles, dans ce qui les pourvoit pour nous de sens et, en nous permettant de leur donner un nom, nous les rend familières. Mais cette familiarité des choses de la vie ordinaire provient précisément de ce qu'elles ne sont prises en vue que dans leur instrumentalité, dans ce que Heidegger nommerait leur *Zuhandenheit*, leur être pour la main, leur maniabilité. Entreprendre de les dessiner exige non seulement de s'ouvrir à cette étrangeté qui leur est propre et qui ne se

1. Voir la lettre du 12 janvier 1907 de Husserl à Hofmannsthal, *La part de l'œil*, « Art et phénoménologie », n° 7, Bruxelles, 1991, p. 14, dans laquelle Husserl affirme que « le voir phénoménologique est proche parent du voir esthétique ».
2. Valéry, *op. cit.*, p. 1189.

révèle à nous que lorsqu'elles échappent à notre prise mais requiert aussi de faire l'expérience de cette inversion des rôles entre les choses et nous qui explique, comme Merleau-Ponty, après Valéry, le note, que tant de peintres aient dit que ce sont les choses qui les regardent[1]. C'est ce regard sur nous des choses qui les rend « autres », qui fait qu'elles ne puissent plus s'inscrire à titre d'instruments dans l'horizon de nos préoccupations ni apparaître comme le simple corrélat de nos visées pratiques, et c'est de cette « altérité » de la chose qui émerge ainsi de l'objet familier que tente de s'emparer le dessinateur, obsédé par la soudaine et insaisissable proximité d'un monde qui n'est plus soumis à ses calculs.

☆

Habité qu'il est par le visible et tout entier occupé à s'approprier ce visage tourné vers lui des choses, est-il encore possible de dire, avec Ravaisson, du dessinateur qu'il « reproduit » les apparences de celles-ci et du dessin qu'il constitue un langage capable d'exprimer leurs proportions « réelles »[2] ? Pour ce qui est de son caractère reproducteur, il faut souligner que le dessin partage traditionnellement avec la peinture en général le statut de « décalque » ou de « copie » d'objets originaux préexistants, mais cette « secondarité » semble plus accusée encore dans le cas du dessin du fait qu'est reconnue à la ligne une plus grande « objectivité » qu'à la couleur. Comme le souligne bien Merleau-Ponty :

> Il y a eu par exemple une conception prosaïque de la ligne comme attribut positif et propriété de l'objet en soi. C'est le contour de la pomme ou la limite du champ labouré et de la prairie tenus pour présents dans le monde, pointillés sur lesquels le crayon ou le pinceau n'auraient plus qu'à passer[3].

1. M. Merleau-Ponty, *L'œil et l'esprit*, Paris, Gallimard, 1964, p. 31.
2. Cf. Ravaisson, *op. cit.*, p. 42 : « Les images superficielles ou projections des choses, avec les diminutions perspectives des grandeurs, avec les lumières et les ombres et leurs affaiblissements, composent le langage par lequel le dessin, proprement dit, exprime et fait comprendre les proportions réelles ».
3. *L'œil et l'esprit*, *op. cit.*, p. 72

Une telle conception de la ligne comme enveloppe étante des choses, il est vrai que toute la peinture la conteste, puisque déjà Léonard de Vinci voyait le secret de l'art de dessiner dans la découverte, en chaque objet, d'une « certaine ligne flexueuse qui est comme son axe générateur », ligne qui n'est justement pas, comme le suggère Bergson en commentant ce passage du *Traité de Peinture* que Ravaisson aimait à citer, une des lignes visibles de la figure, puisqu'elle est « moins perçue par l'œil que pensée par l'esprit »[1]. Si la peinture est « chose mentale », cela implique en effet qu'elle soit apte, non pas tant à figurer un type impersonnel et abstrait et le modèle idéal d'une chose générale, qu'à faire apparaître en chaque être le « serpentement individuel » qui le rend absolument singulier. Car pour rendre l'individualité vivante, il faut aller chercher « derrière les lignes qu'on voit le mouvement que l'œil ne voit pas »[2], ce qui implique précisément qu'on soit moins attentif à la disponibilité statique des objets qu'à cette mobilité qui est celle de l'émergence des choses. C'est alors que revit dans la ligne ce « pouvoir constituant » qui, à l'égal de la couleur, rend aux choses cette « voluminosité » et cette présence qui les arrachent à leur pur être de signes et qui fait de la puissance du dessin autre chose que « celle d'un texte proposé à notre lecture, sans aucune promiscuité du voyant et du visible »[3]. Il est vrai que la couleur semble nous donner une plus profonde ouverture aux choses que la forme, car elle nous immerge dans leur matérialité sans s'arrêter à leur enveloppe[4], mais cela ne veut nullement dire qu'il faille choisir entre la ligne et la couleur, entre le dessin et la peinture, puisqu'il y a un tracé qui, loin d'être la représentation des choses existantes et de l'étendue telle qu'elle est en soi, est « modulation d'une spatialité » dynamique et « principe de la genèse des choses » :

> Or la contestation de la ligne prosaïque n'exclut nullement toute ligne de la peinture comme peut-être les Impressionnistes l'ont cru. Il n'est question que de la libérer, de faire revivre son pouvoir constituant, et c'est sans aucune

1. H. Bergson, *La vie et l'œuvre de Ravaisson*, in *Œuvres*, Paris, P.U.F., 1963, pp. 1459-60.
2. *Ibid.*
3. *L'œil et l'esprit, op. cit.*, p. 40.
4. *Ibid.*, p. 43.

contradiction qu'on la voit reparaître et triompher chez des peintres comme Klee ou comme Matisse qui ont cru plus que personne à la couleur. Car désormais, selon le mot de Klee, elle n'imite plus le visible, elle « rend visible », elle est *l'épure de la genèse des choses*[1].

Le pouvoir constituant de la ligne apparaît en effet de la manière la plus patente dans les dessins de Léonard de Vinci, en particulier dans ses portraits. Dans par exemple telle tête de jeune homme[2], « la ligne flexueuse qui est comme l'axe générateur » du visage dessiné se confond avec les contours d'un profil si distinct qu'il semble ciselé dans le métal. Ce que fait alors apparaître le dessin, c'est une « essence individuelle », celle d'une vie singulière qui se voit ainsi élevée à sa propre effigie[3]. Car l'objet privilégié du dessin en Occident à cette époque, c'est le portrait, le visage étant ce qui, dans le corps humain, manifeste au plus degré sa spiritualité.

1. *L'œil et l'esprit, op. cit.*, p. 74 (je souligne). Merleau-Ponty avait clairement, dès les premières pages de *L'œil et l'esprit*, attribué à la peinture le privilège de se situer d'emblée et « en toute innocence » dans le « il y a préalable » du monde, alors que l'écriture et la philosophie sont des prises de position sur le monde constitué et que la musique « à l'inverse est trop en deçà du monde et du désignable pour figurer autre chose que des *épures de l'Être*, son flux et son reflux, sa croissance, ses éclatements, ses tourbillons » (*op. cit*, pp. 13-14. Je souligne). On peut cependant se demander si la peinture de Cézanne, dont Merleau-Ponty dit si bien qu'elle « révèle le fond de nature inhumaine sur lequel l'homme s'installe » (*Le doute de Cézanne* in *Sens et non-sens*, Paris, Nagel, 1966, p. 28) et qu'elle cherche à montrer « la déflagration de l'Être » (*L'œil et l'esprit, op. cit.*, p. 65), ne correspond pas au plus près à la définition qu'il donne ici de la musique. Aussi, plutôt que de continuer à opposer dessin et musique, les arts de l'espace à ceux du temps, ainsi que les civilisations qui ont plus particulièrement élu les uns ou les autres (par exemple l'Inde à la Chine et le *raga* à la calligraphie), il vaudrait mieux être attentif à leur commun pouvoir « générateur » et à la place égale qui est faite à l'improvisation, aussi bien dans la musique indienne que dans la peinture chinoise.
2. Voir par exemple la *Testa di giovane* qui se trouve au Louvre.
3. Selon Ravaisson, comme on l'a déjà vu, l'objet de l'art n'est pas le général, c'est-à-dire « la froide personnification de règles abstraites », mais bien l'idéal, qui, en tant que « la perfection même » est « inséparable de l'individualité » (Ravaisson, *op. cit.*, pp. 34-35). Léonard de Vinci lui-même, à l'exemple duquel Ravaisson pense principalement, a mis l'accent sur l'alliance paradoxale de l'idéal de beauté et de la singularité individuelle : « La beauté des visages peut être égale chez plusieurs personnes, mais leur forme ne sera jamais identique ; et il y a même autant de genres de beauté que de personnes à qui elle appartient » (Léonard de Vinci, *La peinture*, textes traduits, réunis et annotés par A. Chastel, Paris, Hermann, 1964, p. 75).

Avec Matisse, auquel se réfère explicitement Merleau-Ponty dans *L'œil et l'esprit*, où est reproduit l'un de ses dessins, l'ondulation de la ligne qui sous-tend la spatialité des corps de femme qu'il a souvent dessinés ne prend plus place dans l'espace classique, celui du *partes extra partes*, mais fait apparaître, par ses modulations, l'espacement dynamique de l'*Umwelt* d'un corps de chair. « C'est Matisse, écrit Merleau-Ponty, qui nous a appris à voir ses contours, non pas à la manière "physique-optique", mais comme des nervures, comme les axes d'un système d'activité et de passivité charnelles »[1]. Car la ligne, pour Matisse, comme pour le peintre chinois, est à la fois forme et teinte, volume et rythme. N'écrit-il pas en effet dans ses *Écrits et propos sur l'art* :

> Dans le dessin, même formé d'un seul trait, on peut donner une infinité de nuances à chaque partie qu'il enclôt [...]. Il n'est pas possible de séparer dessin et couleur [...]. Le dessin est une peinture faite avec des modèles réduits. Sur une surface blanche, une feuille de papier, avec une plume et de l'encre, on peut, en créant certains contrastes, créer des volumes, on peut, en changeant la qualité du papier, donner des surfaces souples, des surfaces claires, des surfaces dures, sans toutefois mettre ni ombres ni lumières[2].

Le trait peut se faire encore plus ondulant et rythmique lorsqu'il s'essaie, comme les plus anciens témoignages de la peinture humaine l'ont dès le départ tenté, à saisir la mobilité de la vitalité animale. Ami de Kandisky et de Klee, Franz Marc s'est en effet éloigné de cet objet privilégié qu'est pour la peinture occidentale le corps humain, à cause de ce qu'il nommait lui-même ce « sentiment du rythme organique de toutes choses »[3] dans lequel il voyait ce que le peintre moderne a par excellence à exprimer. De certains de ses dessins d'animaux, on peut dire qu'ils donnent à voir « ce lacis de lignes embrouillé » dont Paul Klee déclarait qu'il serait nécessaire à la représentation de la spatialité

1. *L'œil et l'esprit, op. cit.*, p. 76.
2. H. Matisse, *Écrits et propos sur l'art*, texte, notes et index établis par D. Fourcade, Paris, Hermann, 1972, p. 200. Ce passage, qui atteste l'importance de l'influence des arts de l'Orient sur Matisse (lequel se réfère souvent à Hokusaï) est cité par François Cheng, in *Vide et plein, le langage pictural chinois*, Paris, Seuil, 1991, p. 75.
3. Franz Marc, *Sur l'animal dans l'art*, cité in Franz Marc, *Zitronenpferd und Feuerochse, 100 Grafiken*, Reclam, Leipzig, 1990, p. 105.

du corps humain[1]. Ce que Franz Marc a en effet voulu peindre et dessiner, c'est la manière même dont l'animal ressent et voit le monde. Car selon lui la tâche de l'art à venir est *métaphysique* :

> L'art se libèrera des buts et des volontés humaines. Nous ne peindrons plus la forêt ou le cheval comme ils nous plaisent ou nous apparaissent, mais *comme ils sont effectivement*, comme la forêt ou le cheval se sentent eux-mêmes, leur être absolu, qui vit derrière l'apparence que seule nous voyons [...]. Nous devons désormais désapprendre de rapporter les animaux et les plantes à nous-mêmes et de représenter dans l'art notre rapport à eux. [...] Chaque chose au monde a *ses* formes, sa formule, que nous ne pouvons pas toucher de nos mains grossières, mais que nous saisissons intuitivement dans la mesure où nous sommes doués pour l'art[2].

☆

Mais le dessin, en perdant sa secondarité « ontologique », n'a-t-il pas du même coup mis fondamentalement en question sa primauté « méthodologique », celle par laquelle on faisait traditionnellement reposer toute la puissance de la peinture sur le dessin ? C'est pourtant ce primat du dessin dans la peinture qui permet de donner une forme narrative à la représentation picturale et de la rattacher ainsi à l'univers du discours et à celui des signes en général. Dans son étude sur « Rhétorique et peinture à l'âge classique » précisément intitulée *La couleur éloquente*, Jacqueline Lichtenstein rappelle qu'à cette époque la définition du dessin comme expression de l'Idée ou manifestation de la forme est un lieu commun à la plupart des analyses de la peinture : « Qu'il soit pensé à travers des catégories aristotéliciennes ou platoniciennes, et une grande confusion règne sur cette matière chez de nombreux auteurs, le dessin est toujours défini comme une représentation abstraite, une forme de nature spirituelle et dont l'origine réside uniquement dans la pensée, la marque d'une activité intellectuelle qui prouve, aux yeux de ceux qui condamnent la peinture, que celle-

1. P. Klee, cité par Merleau-Ponty, *L'œil et l'esprit, op. cit.*, p. 75.
2. F. Marc, *Aphorismes, op. cit.*, p. 108.

ci obéit toujours à l'ordre d'un "dessein", c'est-à-dire d'un projet »[1]. Ce n'est pas un hasard en effet si, à cette époque marquée par cet acte politique qu'est la fondation (en 1648) de l'Académie royale de peinture et de sculpture permettant aux peintres d'être exemptés des charges de la maîtrise propre aux arts mécaniques et où le privilège reconnu au dessin constitue le fondement à la fois théorique et institutionnel de la peinture comme art libéral, le *dessin* au sens de tracé se confond avec le *dessein* au sens de projet :

> Si à l'Académie le dessin est la règle, c'est aussi parce que la règle concerne nécessairement le dessin, parce qu'elle est déjà en elle-même un projet, parce que le dessin est toujours en même temps un dessein comme le voulait la langue du XVIIe siècle qui ne distinguait pas l'orthographe des deux termes ni leur signification. Seul le dessin permet donc d'exercer sur la représentation un double contrôle, pédagogique et esthétique. Il représente ainsi, dans la peinture, le principe de centralité définissant la politique du monarque et que les académiciens sont chargés de faire exister dans le domaine des Beaux-Arts[2].

Le combat qui oppose à l'âge classique les partisans du dessin aux défenseurs du coloris les conduit en effet à faire une métaphysique de la peinture et à reproduire à l'intérieur de celle-ci la scission opérée par la philosophie entre les sens et la raison. C'est ainsi que pour Charles Le Brun qui défend, en platonicien, une conception essentialiste de l'image, laquelle permet de distinguer l'activité libre du peintre de celle, servile, du simple teinturier, « la couleur dépend tout à fait de la matière et par conséquent est moins noble que le dessin qui ne relève que de l'esprit »[3]. Ce qui permettra aux coloristes d'inverser ce rapport hiérarchique qui fait dépendre la matière colorée de ce fondement spirituel qu'est le dessin, c'est le recours au substantialisme aristotélicien qui rend possible de ne voir dans le dessin qu'un simple être en puissance qui a besoin de la couleur pour réaliser la

1. J. Lichtenstein, *La couleur éloquente*, Paris, Flammarion, 1989, p. 163.
2. *Ibid.*, p. 166. On peut cependant voir dans cette identification du tracé et du projet non pas seulement la marque d'un contrôle exercé par l'intellect sur la main, mais plus profondément la dimension proprement « prospective » et non pas nostalgique du dessin.
3. Texte de la Conférence académique du 9 janvier 1672, cité par J. Lichtenstein, *op. cit.*, p. 169.

perfection de son être en acte dans la peinture. Le dessin ne peut dès lors servir à caractériser l'être même de la peinture, il n'est plus que le genre commun à tous les arts plastiques. Or ce que la peinture fait voir, contrairement à la sculpture qui ne s'attache qu'à la forme extérieure des choses, ce ne sont pas seulement les apparences visibles, mais les sentiments et les émotions, et c'est ce qui fait d'elle autre chose qu'une simple reproduction du réel. Et ce qui permet ainsi de rendre visible l'invisible, c'est éminemment la couleur, vraie « représentante » de l'intériorité de l'âme et seule capable de parler le langage de l'émotion. C'est donc maintenant le dessin qui, se voyant réduit à sa pure fonction de délinéation extérieure, est rattaché par les coloristes à la matière et rapproché du toucher, le plus directement sensible de tous les sens : ainsi Roger de Piles, au début du XVIIIe siècle, va jusqu'à dissocier le dessin de la vue et à en faire un chose de la main et non de l'œil, alléguant en guise de preuve l'histoire d'un sculpteur aveugle capable de réaliser par le seul toucher des portraits de cire parfaitement ressemblants :

> En rapportant le dessin à l'ordre tactile, Roger de Piles opère un étonnant renversement qui lui permet d'attribuer au coloris l'ensemble des déterminations spécifiquement visuelles de la peinture. Un même argument sert ainsi à prouver la supériorité de la couleur sur le dessin et celle de la peinture sur la sculpture : celui, bien connu, selon laquelle la vue est supérieure au toucher. À tous ceux qui reprochaient au coloris sa matérialité et le traitaient comme une part toujours maudite de la représentation, Piles répond en définissant le dessin comme la part aveugle de la peinture[1].

1. Texte de la Conférence académique du 9 janvier 1672, cité par J. Lichtenstein, *op. cit.*, p. 173. Jacques Derrida, qui, dans *Mémoires d'aveugle, L'autoportrait et autres ruines*, Paris, éd. de la Réunion des Musées Nationaux, 1990, p. 47, cite lui aussi Roger de Piles, a admirablement mis en évidence l'aveuglement « transcendantal » qui est, de l'aveu des plus grands dessinateurs eux-mêmes (Matisse n'écrit-il pas par exemple, à propos de ses dessins de la série *Thèmes et Variations* : « Le chemin que fait mon crayon sur la feuille de papier a, en partie, quelque chose d'analogue au geste d'un homme qui chercherait, à tâtons, son chemin dans l'obscurité. Je veux dire que ma route n'a rien de prévu : je suis conduit, je ne conduis pas », *op. cit.*, p. 164), à l'origine du dessin : « Dans son moment de frayage originaire, dans la puissance *traçante* du trait, à l'instant où la pointe à la pointe de la main (du corps propre en général) s'avance au contact de la surface, l'inscription de l'inscriptible ne se voit pas. Improvisée ou non, l'invention du trait ne suit pas, elle ne se règle pas sur ce qui est présentement visible, et qui serait

Exclu de l'ordre du visible, le dessin se voit paradoxalement d'autant plus assigné à l'ordre du dicible qu'il est plus aisément réductible à une technique susceptible d'un apprentissage scolaire, comme l'est la grammaire. Mais il ne suffit pas de savoir la grammaire pour être éloquent et toucher le cœur de l'auditeur et si le sculpteur et le dessinateur sont assimilés au grammairien, c'est le peintre, et lui seul, qui est analogue à l'orateur :

> « Ainsi comparer l'orateur et le peintre, le sculpteur et le grammairien, revient à dire que le dessin est à la peinture ce que la grammaire est à la rhétorique : une propédeutique nécessaire à la maîtrise des règles, non le principe qui définit la spécificité d'un art. Le dessin n'est rien d'autre que la grammaire de la peinture dont l'exercice véritable ne commence qu'avec la pratique du coloris »[1].

Pure syntaxe de la peinture, le dessin est non seulement aveugle, mais en outre quasiment muet, puisque c'est la couleur qui est porteuse de toute l'éloquence de l'art, celle d'un langage qui parle au cœur plus qu'à l'intellect, la vraie finalité de la peinture étant non pas d'instruire, mais de bouleverser. Ce devenir tactile du « dessein », qui a pour corrélat le devenir spirituel du coloris, s'il inverse les termes de la hiérarchie, ne nous fait pourtant pas sortir de « l'éternel conflit du dessin et de la couleur »[2]. Mais surtout, tant que nous restons pris dans cette alternative : peinture ou dessin, nous ne parvenons pas à poser correctement la seule question qui importe, celle de l'*origine* du dessin.

☆

posé là devant moi comme un thème. Même si le dessin est mimétique, comme on dit, reproductif, figuratif, représentatif, même si le modèle est présentement en face de l'artiste, il faut que le trait procède dans la nuit » (*op. cit.*, p. 50). Mais, comme Derrida le souligne lui-même, cette « nuit » peut s'interpréter de deux façons différentes : comme celle, nostalgique, que hante la mémoire d'une visibilité perdue, ou comme celle, « génétique », d'une visibilité en train d'émerger. Il n'est pas contingent qu'il se réfère, à ce dernier égard, à Merleau-Ponty (*op. cit.*, p. 56).

1. *Ibid.*, p. 174.
2. C'est l'expression que Matisse emploie dans sa lettre à André Rouveyre du 6 octobre 1941 (Matisse, *op. cit.*, p. 182).

D'où vient en effet ce qui pousse l'être humain, depuis Lascaux, à tracer les formes du visible, d'où naît la nécessité du contour et de la ligne ? Faut-il ici ajouter foi à cette tradition iconographique qui remonte au moins à Charles Le Brun selon laquelle est assignée comme origine au dessin la mémoire plutôt que la perception, demande Jacques Derrida qui, dans le texte accompagnant l'exposition de dessins organisée par lui sous le titre *Mémoires d'aveugle*, en rappelle les origines légendaires. Il s'agit de l'histoire de la jeune corinthienne Dibutade qui, devant être séparée de son amant pour quelques jours, remarqua sur une muraille l'ombre de ce jeune homme dessinée par la lumière d'une lampe et, inspirée par l'amour, traça une ligne qui en suivait les contours. Derrida commente ainsi les tableaux qui représentent cette histoire :

> « Dibutade ne voit pas son amant, soit qu'elle lui tourne le dos, plus constante qu'un Orphée, soit qu'il lui tourne le dos ou que leurs regards ne puisent en tout cas se croiser (c'est l'exemple de *Dibutade ou l'Origine du Dessin*, de J.-B. Suvée) : comme si voir était interdit pour dessiner, comme si on ne dessinait qu'à la condition de ne pas voir, comme si le dessin était une déclaration d'amour destinée ou ordonnée à l'invisibilité de l'autre, à moins qu'elle ne naisse de voir l'autre soustrait au voir. Que Dibutade, la main parfois guidée par Cupidon (un Amour qui voit et qui n'a pas ici les yeux bandés) suive alors les traits d'une ombre ou d'une silhouette, qu'elle dessine sur la paroi d'un mur ou sur un voile, dans tous les cas une *skiagraphia*, cette écriture de l'ombre, inaugure un art de l'aveuglement. La perception appartient dès l'origine au souvenir. Elle écrit, donc elle aime déjà dans la nostalgie »[1].

Le dessin naîtrait donc d'une manque de visibilité, il serait un dispositif mnémonique destiné à pallier l'absence, plutôt que l'accueil de cet excès qui fait que les choses, par une intentionnalité inverse, se mettent à nous regarder. Mais le peintre dessine-t-il pour garder, pour sauver quelque chose de l'insaisissable cours du monde, ou bien dessine-t-il au contraire, comme le proclame André Marchand que cite Merleau-Ponty, « pour surgir », « submergé », « enseveli » qu'il est in-

1. Cf. *Mémoires d'aveugle*, *op. cit.*, p. 54.

térieurement par la puissance du visible[1] ? Et doit-on véritablement penser, comme Jacques Derrida le dit ailleurs de l'écriture[2], que le dessin est lui aussi « d'essence testamentaire » ?

Plutôt que posthume par rapport à une « réalité » toujours déjà absente, le dessin n'est-il pas au contraire, comme l'approche phénoménologique nous le donnait déjà à comprendre, essentiellement et incessamment inchoatif, puisque c'est à partir de lui que monde et choses peuvent apparaître ? C'est encore Merleau-Ponty qui dit de la vision du peintre qu'elle est une « naissance continuée »[3] et toute la force de l'analyse que Heidegger consacre à l'œuvre d'art vient de ce que celle-ci n'est plus envisagée comme une chose seconde par rapport à des choses préexistantes réelles, mais au contraire comme ce qui, seul, fait advenir un monde : « Tout ici est renversé, écrit Heidegger dans la première version de *L'origine de l'œuvre d'art*, c'est le temple dans sa tenue qui donne pour la première fois aux choses le visage grâce auquel elles deviendront à l'avenir visibles et, pour un temps, le demeureront »[4]. Il est vrai que l'exemple d'œuvre d'art choisi « à dessein », comme le souligne Heidegger, est une œuvre qui ne compte pas parmi celles de l'art figuratif, puisque le temple grec évoqué ici n'est proprement à l'image de rien[5]. Mais c'est l'art tout entier qui, pour Heidegger, échappe à ce que nous nommons en français « représentation », d'un mot qui évoque en

1. *L'œil et l'esprit, op. cit.*, p. 31. À André Marchand qui pense que « le peintre doit être transpercé par l'univers et non vouloir le transpercer » (*ibid.*), fait écho Henri Matisse pour qui « l'artiste s'incorpore, s'assimile par degrés le monde extérieur jusqu'à ce que l'objet qu'il dessine soit devenu comme une part de lui-même », ce qui le conduit à cette affirmation : « Le dessin est la possession. À chaque ligne doit correspondre une autre ligne qui fasse contrepoids, de même que l'on étreint, que l'on possède avec les deux bras. La volonté de possession est plus ou moins forte selon les êtres, il en est qui désirent mollement » (*op. cit.*, p. 322). On ne peut mieux décrire ce rapport d'embrassement avec le monde dont parle Merleau-Ponty, ni mieux suggérer le double sens, actif et passif, de toute « possession ».
2. J. Derrida, *De la grammatologie*, Paris, éd. de Minuit, 1967, p. 101.
3. *L'œil et l'esprit, op. cit.*, p. 32.
4. M. Heidegger, *De l'origine de l'œuvre d'art, Première version (1935)*, trad. Emmanuel Martineau, Édition bilingue, Authentica 1987, p. 27.
5. M. Heidegger, « L'origine de l'œuvre d'art », *Chemins qui ne mènent nulle part*, trad. W. Brokmeier, Paris, Gallimard, 1980, pp. 43-44.

lui-même le caractère second de l'acte ainsi désigné. À cette « fatalité » qui, depuis Platon et Aristote, conduit l'esthétique occidentale à considérer l'œuvre d'art sur le modèle d'un ustensile, en distinguant en elle forme et matière, et à définir l'art comme « la représentation sensible de quelque chose de suprasensible dans une matière soumise à une forme », Heidegger objecte :

> Seulement l'œuvre d'art ne représente (*darstellt*) jamais rien, et pour cette simple raison qu'elle n'a rien à représenter, étant elle-même ce qui crée tout d'abord ce qui entre pour la première fois grâce à elle dans l'ouvert[1].

C'est pourquoi ce que dit Heidegger de l'art non figuratif de l'architecture, à savoir qu'il fait apparaître un monde, peut être également dit de cet art figuratif qu'est la sculpture :

> C'est le temple qui, par son instance, donne aux choses leur visage et aux hommes la vue sur eux-mêmes [...] Il en est de même pour la statue du Dieu que l'agoniste vainqueur lui consacre. Ce n'est pas une représentation (*Abbild*) du Dieu, destinée à fixer les idées quant à l'aspect extérieur du Dieu. C'est une œuvre qui laisse advenir à la présence le Dieu lui-même et qui *est* ainsi le Dieu lui-même[2].

Ce qui constitue l'être-œuvre de l'œuvre, c'est l'installation d'un monde. Mais comme le montre par excellence l'exemple du temple, en installant l'éclaircie d'un monde, l'œuvre d'art fait venir la terre elle-même dans l'ouvert, l'y porte et l'y maintient[3]. Car ce que Heidegger nomme la terre, et qui renvoie à ce que dans la perspective artisanale on nomme la matière ou le matériau, c'est ce qui des choses se soustrait à notre emprise, se referme constamment en soi, cet essentiel *kryptesthai* qui constitue le plus profond de la *physis* selon Héraclite. Cet amour du retrait, cette réticence foncière des choses à être dites et à apparaître dans l'ouvert fait ainsi du dessin, au sens le plus général de cette « désignation » des choses qu'est le tracé, un rapt, un viol, un combat. C'est Van Gogh, dans une lettre citée par Artaud, qui, à la question : « Qu'est-ce que dessiner ? comment y arrive-t-on ? »,

1. *De l'origine de l'œuvre d'art*, *op. cit.*, p. 53.
2. *Chemins*, *op. cit.*, p. 45.
3. *Ibid.*, p. 50.

répondait ainsi : « C'est l'action de se frayer un passage à travers un mur de fer invisible »[1]. Ce mur de fer invisible, c'est bien ce que, par opposition à l'ouvert du monde, Heidegger nomme la terre, dans laquelle il voit ce qui prodigue la dureté de sa propre réclusion (*die Härte ihres Sichverschliessens*), dureté qui ne peut être endurée que dans une autre dureté, celle qui naît de l'imposition des limites par ce qu'en français nous nommons le *trait,* mais que l'allemand comprend plus tragiquement comme un arrachement et une déchirure, comme *Riß*, comme entame[2]. Car ce que fait apparaître l'œuvre d'art, ce n'est pas le triomphe de la forme sur la matière, mais au contraire le litige lui-même qui oppose monde et terre, ouverture et réclusion, et c'est pourquoi l'instauration de ce conflit prend dans l'œuvre la figure du *trait.* Il ne faut pourtant pas voir en celui-ci l'attestation d'un divorce entre ces adverses que sont monde et terre, mais le comprendre plutôt comme ce qui manifeste l'intimité de leur co-appartenance. Un tel tracé de la limite est donc générateur et rassemblant, il est à la fois trait qui fonde (*Grundriß*) trait qui érige (*Aufriß*) et trait qui cerne (*Umriß*). Mais ce tracé du trait ne fait émerger un monde que s'il se confie en même temps au retrait de la terre et pour cela il doit se produire dans la matérialité du bois, de la pierre, de la couleur, matérialité qu'il restitue ainsi à elle-même contrairement à ce qui se passe dans le produit artisanal qui ne fait que l'utiliser en la faisant disparaître dans la fonctionnalité de la forme.

1. Cité par Derrida, in *Mémoires d'aveugle, op. cit.*, p. 50

2. *De l'origine, op. cit.*, p. 51. Le verbe *reißen*, qui veut dire, en allemand courant, déchirer, arracher, tirer, tracer, vient de la racine **uer* (voir le grec *rhiné :* trait, flèche) qui a donné en anglais, *to write*, et signifie originellement inciser ou rayer (*ritzen*). C'est cette pensée du trait comme incision abritante et ouvrante que l'on trouve également dans des textes plus tardifs de Heidegger (Cf. « Le chemin vers la parole » in *Acheminement vers la parole*, trad. F. Fédier, Paris, Gallimard, 1976, p. 238). Derrida, à l'opposé, est plutôt sensible à ce qui constitue le caractère écliptique et l'« inapparence différentielle du trait » qui, parce qu'il ne joint qu'en séparant, ne se rassemble en aucun présent, n'est ni sensible ni intelligible, ne possède aucune identité et ouvre sur une *expérience* du dessin apparentée à celle de la théologie négative qui signerait la fin de l'iconographie (*op. cit.*, p. 58). Mais ce congé donné à la *mimesis* n'est-il pas déjà en lui-même l'éveil à l'ouvert du monde ?

C'est une telle conception du trait et de la configuration (*Gestalt*), lesquels sont vus à partir de l'instauration du conflit du monde et de la terre dans l'œuvre, ou plutôt *comme* œuvre, qui conduit à penser tout art à partir du trait, d'un tracé capable d'arracher à la nature sa vérité. C'est en ce sens que Heidegger cite le mot de Dürer : « *Denn wahrhaftig steckt die Kunst in der Natur, wer sie heraus kann reißen, der hat sie* » (Car, en vérité, l'art y est, dans la nature et celui qui d'un trait peut l'en faire sortir, il le tient)[1]. Et Heidegger ajoute : « Faire sortir (*herausreißen*) veut dire ici faire apparaître (*herausheben* : faire apparaître au sens de faire ressortir), mais au moyen du dessin et du travail avec le tire-ligne (*Reißfeder*) »[2].

Le tracé est donc ici compris comme incision qui fait ressortir, comme gravure, et c'est peut-être en partant du paradigme de la gravure que l'on comprend le mieux la définition que Heidegger donne ici de l'art : « L'art est un devenir et un advenir de la vérité »[3]. Il fait apparaître ce qui est déjà là de manière inapparente dans les choses de la quotidienneté, et ce faire apparaître advient comme tracé qui fait ressortir à même les choses ce qui constitue leur être-de-chose.

C'est cet « advenir de la vérité » qui se donne à voir dans les gravures de Dürer, en particulier dans celles qui sont les plus populaires, comme cette suite de gravures sur bois intitulée « La petite Passion », destinée à faire comprendre aux hommes simples la passion du Christ, qui est, pour ce fervent chrétien qu'est Dürer, ce qui mérite par excellence d'être rendu apparent. On rapporte en effet que, questionné sur le but que poursuivait l'art, celui-ci répondit : « Par la peinture, la passion du Christ peut être montrée »[4]. Car pour Dürer il s'agit de montrer dans la figure du Christ, au-delà du tragique qui naît de la persécution d'un innocent, l'*intériorité* souffrante d'un homme qui se sacrifie volontairement pour la ré-

1. *Chemins, op. cit.*, p. 79. Cf. *De l'origine, op. cit.*, pp. 50-51.
2. *De l'origine, op. cit.*, p. 51 (traduction modifiée). Voir également le texte légèrement différent de *Chemins, op. cit.*, p. 79.
3. *Ibid.*, p. 81.
4. Cf. Postface d'Emil Waldmann in *Albrecht Dürer, Die kleine Passion*, Insel, Frankfurt-am-Main, 1953.

demption de l'humanité. C'est cette figure idéale du Christ mourant par amour pour les hommes que l'art de Dürer a plus que tout autre contribué à créer, en faisant ainsi apparaître au premier plan le caractère profondément humaniste de l'art occidental. Car si plusieurs des gravures de *La petite Passion*, comme *Le Christ portant la croix*, ou *La déposition de la croix*, montrent, avec un expressionnisme qui confine à l'horreur, l'abaissement et la souffrance du Christ[1], il en est d'autres, comme celle du *Christ en jardinier* apparaissant à Marie-Madeleine[2], où ressort, dans les gestes et les vêtements de la quotidienneté (le Christ porte une bêche sur l'épaule et un chapeau de jardinier), l'immense tendresse que seul un Dieu peut porter à ses créatures. Ce que fait alors apparaître, par la magie du trait, le simple contraste du noir et du blanc, c'est cette présence de l'extraordinaire dans l'ordinaire qui seule octroie à l'homme un séjour[3].

☆

Il faudrait, pour conclure, revenir à la question initialement posée, celle, formulée dans une terminologie merleau-pontienne, du dessin comme *institution* des choses. C'est bien en effet par la violence d'une incision dans ce que Merleau-Ponty nomme « la chair des choses » que l'art arrache la nature à son retrait afin de montrer celui-ci. C'est sans doute ce que visait aussi Franz Marc lorsqu'il parlait de la nécessité de libérer l'art « des buts et des volontés humaines » afin de parvenir à dessiner la forêt ou le cheval tels qu'ils se sentent eux-mêmes. Ce qui est alors en question dans ce que nous

1. Voir à ce propos l'analyse comparée de la petite Passion sur bois et de la Passion sur cuivre de Erwin Panofsky in *La vie et l'art d'Albrecht Dürer*, trad. de D. Le Bourg, Paris, Hazan, 1987, pp. 222 sq.
2. *Ibid.*, p. 223 : « Rien n'est plus triste et plus doux, et pourtant plus riche de promesses, que la scène où le Christ apparaît à Marie-Madeleine. »
3. Cf. M. Heidegger, *Lettre sur l'humanisme*, trad. de R. Munier, in *Questions III*, Paris, Gallimard, 1966, pp. 138 sq.

nommons encore « art », c'est moins de « création » ou de « production », termes qui attestent que l'œuvre est encore pensée selon le paradigme de l'ustensilité, que de notre accès à l'être et à sa vérité.

C'est ce qui a été compris, hors d'Occident, dans le cadre d'un autre art du trait qui a le mérite de conjuguer peinture et dessin, puisqu'il est celui qui naît de l'association pinceau-encre, fondement de la peinture chinoise. Il y aurait beaucoup à dire sur la place suprême qu'occupe en Chine l'art pictural, sur les liens qui l'unissent étroitement à la calligraphie et à l'art des signes, sur l'expérience spirituelle qu'il représente et qui se trouve exprimée, en ce même siècle classique qui a vu en Europe le conflit du dessin et du coloris, dans la théorie de l'« Unique-Trait de Pinceau » de Shih-t'ao[1]. Ce trait unique, qui n'autorise ni retouches ni pauses dans l'exécution, laquelle doit être instantanée et rythmique, il incarne en effet pour Shih-t'ao le trait d'union entre l'homme et l'univers et la conjonction intime de la nature intérieure et de la nature extérieure – cette rencontre, dans le feu de la vision, des différents aspects, actif et passif, de l'être qui, comme le dit Merleau-Ponty commentant Klee, « rend impossible de dire qu'ici finit la nature et commence l'homme ou l'expression »[2]. Car c'est de l'intimité de cette conjonction de la nature et de l'homme que *naissent*, dans l'inapparence du trait, un monde et des choses.

De cette peinture-dessin de la naissance des choses, il n'est peut-être pas de meilleur exemple que le tableau de Fu Pao Shih, peintre chinois du vingtième siècle qui a retenu les leçons de Shih-t'ao, *Cascades à l'Ouest de Ch'ung-ch'ing*, dont François Cheng souligne que la peinture en est si criante de vérité que, selon cette étonnante *Transponierbarkeit* des sens entre eux si chère à Merleau-Ponty[3], qui fait que l'œil

1. Je renvoie ici non seulement au texte de Shitao, *Les Propos sur la peinture du moine Citrouille-amère*, traduction et commentaire de P. Ryckmans, Paris, Hermann, 1984, mais aussi à l'ensemble du travail de François Cheng, en particulier à *Vide et plein, op. cit.*, dont la seconde partie est consacrée à « L'art pictural chinois à partir de l'œuvre de Shih-t'ao" ».
2. *L'œil et l'esprit, op. cit.*, p. 87.
3. M. Merleau-Ponty, *Le visible et l'invisible*, Paris, Gallimard, 1964, p. 272.

peut écouter et l'oreille voir[1], « on jurerait » simplement en regardant jaillir leurs eaux devant nos yeux, « en *entendre* le fracas répercuté au loin par l'écho »[2].

1. Voir également M. Heidegger, *Le principe de raison*, trad. de A. Préau, Paris, Gallimard, 1962, p. 126 : « Si notre entendre humain, si notre voir mortel ne possèdent pas, dans l'impression purement sensible ce qu'ils ont en propre, il n'est pas non plus absolument incroyable que l'audible puisse être saisi par la vue, s'il est vrai que la pensée regarde en entendant et entende en regardant ».
2. F. Cheng, *L'espace du rêve. Mille ans de peinture chinoise*, Paris, Phébus, 1980, p. 238.

Poésie et philosophie

LE PROBLÈME DE LA PROXIMITÉ ou de la distance entre poésie et philosophie est une question qui accompagne depuis son commencement le déploiement tout entier de la philosophie occidentale, dans la mesure où elle apporte avec elle la distinction entre *mythos* et *logos*, entre poème et noème, entre un dire pur, totalement transparent à ce qu'il vise immédiatement et une parole attachée au sensible, à la figure et à la représentation concrète, et qui ne parle que métaphoriquement. Si la pensée de ceux que l'on nomme, selon cette illusion rétrospective que dénonçait à juste titre Bergson, les Présocratiques, adopte encore pour s'exprimer le langage de la prosodie avec Parménide et Empédocle et le style oraculaire et obscur de l'aphorisme avec Héraclite, c'est seulement avec l'exclusion platonicienne de la poésie que commence vraiment le règne de la philosophie, en tant qu'elle peut, comme art d'interroger et de répondre, se déployer dans la dialectique du dialogue. Platon fut en effet le premier à parler de l'antique désunion (*palaia diaphora*) entre la philosophie et la poésie[1] et à exclure le poète du royaume des Idées en enjoignant qu'on le reconduise parfumé et couronné de bandelettes jusqu'aux portes de sa cité idéale[2]. Cette lutte de Platon contre Homère et les tragiques fut cependant surtout une lutte contre lui-même, car Platon, nourri

1. Platon, *République*, livre X, 607 b.
2. *Ibid.*, livre III, 398 a.

aux lettres depuis son enfance, comme l'attestent les citations qui émaillent son œuvre, a su s'assimiler l'art du poète non seulement en tant qu'écrivain génial des *Dialogues*, mais aussi en tant que conteur de mythes, auxquels il a recours toutes les fois que le vrai savoir fait défaut. La condamnation de la poésie, la subordination de l'art à la vérité ont donc lieu au nom de l'Idée que seul un pur regard théorique peut prendre en vue et que seul un *logos* détaché des images peut légitimement exprimer. La philosophie commence là où, comme il nous le rapporte dans le *Sophiste*, on cesse de « raconter des histoires » (*mython tina diègeisthai*)[1], lorsqu'on fait taire les mythes et qu'on refuse de croire aux séduisantes paroles des poètes. Car la philosophie est recherche de la vérité alors que la poésie se contente d'imitations et se complaît dans le simulacre et le mensonge. Platon, le premier philosophe, est aussi celui qui consacre le divorce entre philosophie et poésie.

Il faudra en effet attendre la fin du XVIIIe siècle et l'apparition en Allemagne de ce mouvement littéraire qui s'est nommé romantisme pour voir naître l'idée d'une nouvelle alliance entre philosophie et littérature, métaphysique et poésie, et voir émerger une nouvelle figure, celle du poète philosophe, avec Novalis, Schiller et Hölderlin. L'époque qui a précédé la constitution du système philosophique le plus achevé de toute l'histoire de la philosophie, à savoir le système hégélien, dont la première partie a paru en 1807 sous le titre de *Phénoménologie de l'esprit*, a en effet été marquée, avec les noms des frères Schlegel, de Schelling, de Schleiermacher, par la volonté de réunir l'art et la science, la poésie et la philosophie[2]. Il est vrai qu'après l'écroulement du hégélianisme, la philosophie s'est retranchée dans le sûr bastion du positivisme et du néo-kantisme, bien à l'abri de tout « délire » poétique. Ce que l'on retient pourtant de cette deuxième partie du XIXe siècle, ce sont les noms de ces marginaux de génie que furent Kierkegaard et Nietzsche, à la fois philosophes et écrivains, ainsi que ceux des représentants de la grande littérature romanesque,

1. Platon, *Sophiste*, 242 c.
2. Cf. Ph. Lacoue-Labarthe et J.-L. Nancy, *L'absolu littéraire, Théorie de la littérature du romantisme allemand*, Paris, Seuil, 1978.

Stendhal, Flaubert, Balzac, Zola en France, Gogol, Dostoïevski, Tolstoï en Russie, chez lesquels on trouve tout autant de philosophie que chez les philosophes de métier de la même période, attachés seulement à préserver les droits de la théorie de la connaissance. Le réveil de la philosophie universitaire au XXe siècle, avec ce que l'on peut globalement nommer les philosophes de l'existence, celles de Jaspers, Sartre, Merleau-Ponty, Gabriel Marcel, et surtout de Heidegger, a eu lieu sous le signe d'une nouvelle alliance entre philosophie et littérature, philosophie et poésie.

☆

Si l'on veut se faire une idée de la situation actuelle de la philosophie, il faut en effet commencer par constater que ses prétentions initiales se sont vues drastiquement réduites par le positivisme et le scientisme du XIXe et du XXe siècle. Le positivisme considère que la philosophie ne doit plus se préoccuper de ces questions que l'on nomme « métaphysiques » et qu'elle doit se contenter de réfléchir sur ce que les sciences positives nous apprennent sur la nature et sur l'homme. Mais que veut dire exactement « métaphysique » ? On peut laisser ici de côté l'histoire du mot lui-même pour ne retenir que le sens habituellement donné à ce terme dans la philosophie moderne : le métaphysique, c'est ce qui est *au-delà* du physique, c'est le domaine du suprasensible, de ce dont on n'a pas d'expérience directe, le domaine de l'invérifiable, de ce qui peut être l'objet de toutes les supputations et de toutes les questions. Les questions métaphysiques sont donc des questions qui dépassent la sphère de notre expérience quotidienne, des questions auxquelles il n'est pas de réponse assurée et qui semblent par conséquent nous égarer loin du domaine qui est habituellement le nôtre et qui devrait faire l'objet de tous nos soins. C'est ainsi qu'à l'intérieur même de la philosophie, on peut être tenté de donner plus d'importance au domaine politique ou au domaine éthique qu'aux nébuleuses questions métaphysiques, qui, elles, demeurent insolubles. N'a-t-on pas d'ailleurs tendance aujourd'hui à confondre la philosophie avec les sciences humaines et à considérer qu'elle n'est qu'une science générale de l'homme, qu'une anthropologie ? Il est sans doute légitime de tenter de répondre aux questions que pose l'existence humaine en prenant en charge l'aménagement de la sphère politique et éthique, mais il est tout aussi légitime de reconnaître que l'être humain a une propension naturelle à poser des questions auxquelles nulle réponse positive ne pourra jamais être donnée. Ces questions, qui concernent la place de l'homme dans l'univers et le sens même de son existence, ne sont pas susceptibles de trouver une réponse universellement valable, et même lorsqu'elles semblent provisoirement en découvrir, dans les sciences ou dans les religions, elles n'en sont pas par là dissipées et renaissent sans cesse, par-delà tous les apaisements recherchés. Les questions que se posent les hommes ne sont pas seulement celles qui concernent des domaines bien circonscrits de leur expérience, il en est, et ce sont celles qui ont tendance à constamment se reposer à nous, qui concernent l'ensemble de notre être et la place que l'être humain occupe dans l'univers. On pourrait donc, à partir de là, nommer « métaphysique » ce qui en l'homme l'empêche de rester enfermé en lui-même, de constituer un problème séparé, et l'oblige, dans la moindre de ses questions, à interroger l'ensemble de ce qui existe. La philosophie est donc, comprise ainsi, ce qui, dans l'être humain, lui enjoint de dépasser l'horizon limité de ses propres intérêts. Il ne s'agit nullement par là de nier l'importance de l'expérience sensible, de la vie collective, ni de tenter de faire de l'homme un pur esprit. Il s'agit plutôt, en prenant en compte ce qu'Emmanuel Kant nommait la « nature métaphysique » de l'homme[1], de prendre acte de l'*énigme* qu'est pour lui-même l'être humain, du caractère insatiable de son désir, de son incapacité à demeurer dans ses propres limites, en un mot de sa *liberté*. C'est pourquoi la vraie attitude philosophique consiste à reconnaître le caractère proprement métaphysique de toute expérience humaine, au sens où toute expérience que nous faisons, aussi limitée, aussi concrète, aussi corporelle soit-elle, engage

1. E. Kant, *Critique de la raison pure*, Introduction, Paris, PUF, 1963, p. 44, où il est question d'une *metaphysica naturalis*, c'est-à-dire d'une métaphysique qui existe à titre de disposition naturelle chez tous les hommes, qui a toujours existé et qui existera toujours.

en elle-même non pas seulement un secteur déterminé de notre existence propre, mais la totalité de notre être. La véritable attitude philosophique ne consisterait donc pas à considérer la métaphysique comme une chimère, mais au contraire à reconnaître le caractère inaliénable du métaphysique en l'homme[1].

Or, de même que la philosophie n'est pas un luxe, un supplément d'âme ou un produit tardif de la culture, l'art et en particulier la poésie, ne sont pas un simple jeu social ou l'œuvre d'une imagination sans rapport avec le réel. Bien que notre époque fasse une grande part à l'art et que le commerce des œuvres y constitue un secteur économique non négligeable, il semble que son importance pour l'éducation y est toujours aussi peu comprise qu'à l'époque où Schiller écrivait ses fameuses *Lettres pour l'éducation esthétique de l'homme*. Friedrich Schiller, ce poète-philosophe de la fin du XVIIIe siècle, voyait en effet dans l'art et singulièrement dans la poésie des occupations plus authentiquement humaines que la science, la politique ou la morale, parce que, expliquait-il, elles satisfont ce besoin plus profond en l'être humain que le besoin physique ou moral qu'est le besoin de jeu. Pour Schiller, le jeu n'est pas un luxe, une pure distraction, mais l'activité fondamentale par laquelle nous nous ouvrons véritablement au monde, alors que dans l'activité économique ou dans l'action morale, nous ne faisons de lui qu'un usage purement instrumental. Il y a un bonheur du jeu qui provient de sa *gratuité* et qui atteste qu'à travers lui nous n'avons pas le sentiment d'être en marge du réel, mais au contraire au cœur même de celui-ci. Nous sommes ici face à un paradoxe : il y a un sérieux du jeu qui l'emporte de beaucoup sur celui du travail, de l'effort et de la contrainte, une *vérité* du jeu supérieure à celle à laquelle nous atteignons dans la connaissance. Notre époque, qui fait une large part à la culture et au loisir, ne méconnaît sans doute pas totalement leur importance du point de vue humain, mais en même temps elle les considère comme un secteur d'activité parmi d'autres,

1. On prend ici le terme « métaphysique » au sens que lui donne M. Merleau-Ponty lorsqu'il la définit comme « une interrogation telle qu'on ne conçoit pas de réponse qui l'annule, mais seulement des actions résolues qui la reportent plus loin » dans « Le métaphysique dans l'homme », *Sens et non sens*, Paris, Nagel, 1966, p. 168.

elle les intègre au monde du travail et leur ôte ainsi ce que l'on pourrait nommer leur *puissance d'échappement*, c'est-à-dire cette libération de l'étroitesse de la vie quotidienne qu'ils procurent. Il en va de même de l'art que l'on ne considère comme « sérieux » que dans la mesure où il exprime l'époque et où il est le miroir qu'une société se tend à elle-même. On réduit ainsi insidieusement l'artistique à l'économique, au politique, voire à l'éthique, on voit dans l'œuvre d'art une œuvre seulement humaine, alors qu'il faudrait au contraire s'ouvrir à ce qui en elle *dépasse* la sphère des besoins seulement humains, à ce qui en elle est précisément méta-physique. L'art n'est pas en effet la simple représentation qu'une société se donne d'elle-même, il n'est pas une simple reproduction de la réalité, comme le voulait Platon, il est au contraire d'essence *interrogative*, et ce qu'il porte au paraître, ce n'est pas une simple copie du réel, mais l'image de ce qui *excède* les limites de l'expérience quotidienne.

Ce qui nous émeut en effet dans l'œuvre d'art, c'est qu'elle constitue à chaque fois une échappée ouvrant sur la totalité de ce qui existe et qu'elle manifeste ainsi ostensiblement l'incapacité de l'homme à demeurer dans des limites stables. Toute œuvre est à cet égard œuvre de l'inquiétude, au sens propre de ce terme : l'impossibilité de demeurer en repos. C'est pourquoi, bien que l'œuvre d'art soit considérée depuis le début des Temps Modernes, et de manière de plus en plus patente à notre époque, comme une marchandise, et bien que l'on tente, d'ailleurs avec succès, de la faire entrer dans la circulation des biens de consommation, elle ne cesse de manifester par elle-même, du moins dans la mesure où elle est une œuvre authentique, sa non-appartenance à l'ordre de l'économie, une non-appartenance qui la rend littéralement sans prix et la situe bien au-delà de la valeur. On peut, pour éclairer ce qui vient d'être dit, donner l'exemple d'une œuvre d'art faisant partie d'un genre poétique qui s'est surtout illustré dans la Grèce antique, la *tragédie*. Il est certes possible de voir dans la tragédie grecque, comme le faisait Hannah Arendt, une forme d'art éminemment politique, au sens où elle constitue la représentation que la société grecque antique se donnait d'elle-même, par exemple à travers le personnage d'Œdipe-Roi qui incarne le danger qui guette toute démocratie, à savoir la tyrannie[1]. Sans doute une telle interprétation n'est-elle pas fausse ; mais elle paraît néanmoins insuffisante, car elle fait ainsi de ce poème qu'est la tragédie le simple miroir de la *polis*, de la cité humaine. L'interprétation que les penseurs allemands, et en particulier Friedrich Hölderlin, ont donnée de la tragédie est tout autre[2]. Elle consiste à voir dans la tragédie la mise en scène de ce que les Grecs nommaient l'*hybris*, c'est-à-dire la démesure de l'homme. Car l'être humain, selon Hölderlin, se caractérise parmi tous les vivants par son aspiration à excéder les limites de sa condition et à se rebeller contre la civilisation dans laquelle il vit, et dans le cas de la Grèce antique, il s'agissait d'une civilisation qui avait voulu apprivoiser, précisément par ce régime qu'est la démocratie, caractérisé par le respect de l'égalité des droits, la sauvagerie native de l'être humain. De cette démesure et de cette *hybris*, Œdipe apparaît comme le plus pur représentant. Ce que la tragédie met donc en scène pour Hölderlin, ce n'est pas seulement la fragilité et l'ambiguïté de l'action humaine, mais bien plutôt l'impossibilité pour l'homme d'accepter les limites de son existence et la démesure qui lui rend sa propre condition d'être fini invivable.

C'est donc cette ouverture à cette dimension plus qu'humaine qui constitue l'essence même de l'œuvre d'art et qui lui octroie ce l'on a nommé sa puissance d'échappement, une puissance d'échappement qui atteint son plus haut degré dans l'œuvre poétique. Le propre de l'image poétique réside précisément dans la puissance qu'elle possède d'ouvrir le séjour terrestre et habituel de l'homme à l'étrangeté de ce qui se manifeste en dehors de celui-ci. L'image poétique dérange, elle brise la compréhension que nous avons des choses dans la quotidienneté. En tant que telle, elle n'est pas un simple ornement, mais le retour du langage à sa vocation native : car dans et par la langue, l'être humain nomme les choses, c'est-à-dire inclut dans la familiarité de sa

1. Cf. H. Arendt, *La condition de l'homme moderne*, Paris, Calmann-Lévy, 1983, p. 211, où il est affirmé que le théâtre est « l'art politique par excellence » et le lieu où « la sphère politique de la vie humaine se transpose en art », « l'art dont le sujet est l'homme dans sa relation aux autres ».
2. Voir à ce sujet F. Dastur, «Tragédie et modernité », *Hölderlin, Le retournement natal*, La Versanne, Encre Marine, 1997, pp. 23-96.

sphère de vie ce qui outrepasse celle-ci et lui est foncièrement étranger. Les images poétiques ne sont donc pas de simples illustrations ou des fantaisies arbitraires, mais des manières d'inclure l'étranger dans le familier, le céleste dans le terrestre, le non-humain dans l'humain, et donc des manières de faire voir l'invisible[1]. Mais il ne s'agit pas ici de l'invisible dont nous parlent les religions, celui d'un « autre monde », de ce monde de l'au-delà ou de l'un de ces « arrière-mondes » que critique légitimement Nietzsche, mais simplement de l'autre côté du visible, du familier, de l'habituel auquel nous ouvre aussi l'étonnement philosophique.

Si nous cherchons à établir un lien entre l'expérience philosophique et l'expérience poétique, c'est bien en effet vers cette émotion particulière qu'est l'étonnement qu'il faut nous tourner. On pense habituellement que le philosophe est un être qui ne laisse parler en lui que la froide raison, à l'opposé du poète chez lequel les sentiments, l'imagination et la fantaisie règnent sans partage. Pourtant il suffit d'être attentif au nom même de « philosophie » pour s'apercevoir qu'elle a quelque chose à voir avec les sentiments, puisque ce mot veut dire en grec *amour* du savoir ou de la sagesse. Le philosophe est donc lui aussi, comme le commun des mortels, un être de désir ; et s'adonner au philosopher ne peut donc signifier pour lui faire taire en lui tout sentiment – ce qui est au contraire requis du scientifique, car l'intrusion de l'affectivité entre lui et l'objet de sa recherche ne lui permettrait pas de conserver la neutralité requise à cet examen impartial du réel qu'est la science. On voit donc ici s'esquisser une importante différence entre la science et la philosophie, au contraire de ce qu'affirme le positivisme. La philosophie, parce qu'elle est amour du savoir, nous touche dans notre être propre, elle nous concerne en tant qu'individus singuliers. Les questions qu'elle pose ne sont nullement des questions abstraites, elles naissent à chaque fois de la situation particulière dans laquelle se trouve celui qui questionne, ce qui veut dire qu'il se sent à chaque fois impliqué lui-même dans la question qu'il pose.

1. Cf. M. Heidegger, *Essais et conférences*, Paris, Gallimard, 1958, pp. 240-241.

Que la philosophie ait quelque chose à voir avec les sentiments, voilà ce qui a été reconnu dès le début de la tradition occidentale. C'est en effet Platon lui-même qui affirme que l'étonnement, ou plutôt l'émerveillement, selon le sens précis du mot grec *thaumazein*, est non seulement ce sentiment qui est à l'origine du philosopher, mais aussi celui dans lequel le philosophe, celui qui cherche le savoir, demeure constamment[1]. Pour que le questionnement philosophique naisse et pour qu'il se poursuive, il nous faut en effet cesser de considérer que tout va de soi, il nous faut rompre avec les habitudes qui nous empêchent d'être sensibles au caractère unique et donc toujours nouveau de ce qui advient. C'est une telle ouverture d'esprit, un tel intérêt pris à ce qui se manifeste que le philosophe cultive en lui. Il est vrai que la plupart du temps nos désirs ne nous permettent pas de voir les choses telles qu'elles sont, puisque nous ne percevons en elles que ce qui peut remplir notre attente. L'étonnement est en ce sens un sentiment tout à fait particulier puisqu'il provient à la fois de l'intérêt que nous prenons aux choses et du recul que nous avons par rapport à elles et qui nous empêche de ne voir en elles que les simples instruments de la satisfaction de nos besoins. L'étonnement serait alors, compris ainsi, cette émotion particulière qui permet aux choses mêmes d'apparaître devant nous telles qu'elles sont.

Mais si l'étonnement ou l'émerveillement est donc un sentiment au plus haut point philosophique, il est aussi un sentiment par excellence esthétique ou poétique qui nous ouvre à la pure contemplation du monde. À cet égard art et philosophie sont à égalité. L'artiste se comporte à l'égard du monde comme se comporte le philosophe : il n'est sensible qu'au pur apparaître du monde et ne songe plus à le faire servir à ses besoins. Ne dit-on pas en effet que dans la mesure où une chose nous apparaît belle, elle devient du même coup pour nous intouchable ? Le sentiment esthétique ou poétique est donc ce qui en nous met hors jeu tous les intérêts que nous portons habituellement aux choses du monde. Le plaisir pris à la beauté n'est pas comparable à la simple jouissance sensible, il provient de cette capacité qu'à l'être

1. Cf. Platon, *Théétète*, 155 d.

humain de s'élever au-dessus de ses propres besoins vitaux, de son propre égoïsme.

Ce qui caractérise en effet l'attitude habituelle qui est la nôtre, c'est le fait de nous adonner directement aux objets de notre préoccupation et de nous enfermer ainsi à chaque fois dans un monde particulier, c'est-à-dire dans un horizon fini d'objets. Ce dont la contemplation de l'œuvre d'art nous délivre, c'est précisément de cet enfermement dans des mondes finis, ceux de la quotidienneté et des métiers, en nous ouvrant à l'horizon universel du monde sur le fond duquel tous les horizons finis se découpent. Car, il faudrait le souligner fortement, l'intérêt scientifique pris à tel ou tel aspect déterminé du monde et à tel ordre particulier de phénomènes ne nous fait nullement sortir de la clôture des horizons finis, et la « théorie » n'a à cet égard aucun privilège sur la pratique. Il ne faut donc pas hésiter à affirmer que, par rapport à toutes les sciences positives, y compris les plus abstraites d'entre elles, comme la mathématique, la philosophie, parce qu'elle traite du « tout », c'est-à-dire de l'horizon universel du monde, se situe dans une dimension entièrement nouvelle. Ce qu'elle thématise en effet, c'est ce qui demeure par principe dissimulé à la préoccupation en tant que celle-ci a toujours affaire à des complexes clos d'objets, ce qui donc ne peut se donner que comme l'horizon universel du monde. Or c'est lui que nous rencontrons aussi directement lorsque nous contemplons une œuvre d'art, cette sorte de « fenêtre » ouvrant sur l'absolu : comme si par la grâce de l'art, le monde lui-même nous était présenté de manière objective, de sorte que ce qui ne peut jamais dans la quotidienneté apparaître *comme tel* devienne alors visible et prenne la forme de l'objet esthétique.

☆

S'il nous faut donc considérer que d'une certaine manière poésie et philosophie ne sont pas étrangères l'une à l'autre, ou ennemies l'une de l'autre, une première constatation s'impose : c'est le langage qui est leur commun médium. Le *logos* en tant qu'il est susceptible d'être aussi bien vrai que faux[1] et le *mythos*, qui est plus originel que cette différence en ce qu'il se contente de faire émerger les choses hors de leur native invisibilité, sont deux modes de la parole. L'usage quotidien du langage ne peut cependant pas nous permettre de comprendre ce que peuvent avoir de commun le concept et l'image[2]. Certes le langage de la communication quotidienne contient aussi bien des concepts, c'est-à-dire des idées générales, que des images, mais il ne reçoit son sens et sa détermination que du contexte pratique dans lequel il est prononcé et duquel il n'est aucunement séparable. Même lorsqu'on le fixe dans un écrit, l'interprétation de ce qui de parole est devenu texte exige que soient restituées les conditions de son énonciation. Ce qui caractérise par contre en propre la parole poétique et la parole philosophique, c'est le pouvoir qu'elles ont de s'arracher à toute situation de fait et de répondre entièrement d'elles-mêmes sans qu'il soit nécessaire de faire référence aux conditions dans lesquelles elles ont été énoncées. C'est ce qu'elles ont de commun avec les mathématiques, par opposition aux sciences de la nature qui, elles par contre, exigent la confirmation de l'expérience[3]. Mais les mathématiques utilisent un langage symbolique, alors que la philosophie et la poésie usent, elles, de la langue naturelle, de celle qui est à chaque fois spécifique à un groupe humain. La philosophie se caractérise par la volonté de laisser derrière soi les opinions fluctuantes de la vie quotidienne pour accéder à la généralité du concept. Quant à la poésie, elle vise à la recherche de l'expression pure du vécu du poète. Ce qui fonde donc la parenté de la parole poétique et de la parole philosophique, c'est leur commune capacité à s'émanciper par rapport à l'expérience commune pour, en quelque sorte, s'autonomiser

1. Platon, *Cratyle*, 408 c.
2. C'est l'idée fondamentale que développe Hans-Georg Gadamer dans un texte intitulé « Philosophie und Poesie » (*Kleine Schriften IV, Variationen*, Mohr (Siebeck), Tübingen, 1977, pp. 241-248) dont on s'inspire beaucoup ici.
3. Voir à ce sujet, Novalis, *Fragments*, Paris, Aubier, 1973, p. 71 : « Si seulement on pouvait faire comprendre aux gens qu'il en va du langage comme des formules mathématiques : elles constituent un monde en soi, pour elles seules ; elles jouent entre elles exclusivement, n'expriment rien si ce n'est leur propre nature merveilleuse, – ce qui fait justement qu'elles sont si expressives, que justement en elles se reflète le jeu étrange des rapports entre les choses ».

comme paroles. C'est en effet le propre de la philosophie que de mettre entre parenthèses la réalité contingente des choses pour atteindre leur essence[1]. Et c'est également le propre de l'art sous toutes ses formes qui manifeste ainsi sa tendance à l'idéalisation, quel que soit par ailleurs le postulat « naturaliste » ou au contraire « symboliste » de l'artiste. Car aucune œuvre d'art, même si elle est intégrée au monde de la quotidienneté, ne peut être confondue avec une chose réelle, y compris dans ces cas limites que sont, par exemple, le trompe-l'œil ou la peinture hyperréaliste qui, à force de vouloir imiter la réalité, revêtent un aspect presque fantastique. Mais là où, comme dans le cas de la poésie, c'est le langage lui-même qui est le médium de l'œuvre, la mise entre parenthèses du réel a pour effet de faire du *mot*, qui dans le discours quotidien n'est qu'un moyen de communication, une fin en soi. Comme Paul Valéry le remarque avec pertinence, nous ne nous comprenons les uns les autres que parce que nous utilisons les mots comme des instruments : « Consultez votre expérience, et vous trouverez que nous ne comprenons les autres et que nous ne nous comprenons nous-mêmes que grâce à la *vitesse de notre passage* par les mots. Il ne faut pas s'appesantir sur eux, sous peine de voir le discours le plus clair se décomposer en énigmes, en illusions plus ou moins savantes »[2].

Mais de l'énigme du mot, n'est-on pas nécessairement renvoyé à la pure pensée ? Hegel, qui a réservé à la poésie une place de choix à l'intérieur de son système des beaux-arts, a lui aussi insisté sur l'étroite proximité de la poésie et de la pensée conceptuelle : si l'architecture est le commencement de l'art, la poésie, qui vient après la sculpture, la peinture et la musique, en est le couronnement en tant qu'« art universel » capable de représenter tout ce que conçoit la conscience et de reproduire dans son domaine ceux de tous les autres arts[3]. Car chacun de ces autres arts a pour base une certaine matière, l'espace pour l'architecture, la pierre ou le bois pour la sculpture, la couleur pour la peinture, et le son pour la musique. Mais en ce qui concerne

1. Ce que Husserl, après Platon, nomme « réduction eidétique ».
2. Cf. P. Valéry, *Œuvres*, tome I, Gallimard, Pléiade, 1957, p. 1318.
3. Cf. G.W. F. Hegel, *Cours d'Esthétique*, Aubier, Paris, 1995, tome I, p. 216.

la poésie, la matière qui lui sert de base n'est pas le pur son, mais le son pénétré par l'idée, ce qui implique que son matériau n'est pas brut, qu'il est déjà travaillé intérieurement par l'esprit. C'est d'ailleurs la raison pour laquelle, avec la poésie, l'art commence à se dissoudre, la poésie courant constamment le danger de se perdre elle-même en passant de la région du sensible à celle de la pensée purement spirituelle[1]. Ce qui la différencie cependant de la pensée abstraite, c'est son caractère figuré, qui nous permet de saisir l'idée sous les traits d'une individualité définie et dans sa forme réelle : c'est pourquoi elle *s'arrête* sur la forme extérieure qui exprime la chose dans sa réalité concrète plutôt que sur la notion abstraite et générale. Ce qui donc pour Hegel aussi distinguerait, une fois reconnue leur étroite parenté, la poésie de la pensée, c'est l'attention portée au mot lui-même en tant qu'il désigne un événement individuel, qu'il est la pure nomination de quelque chose d'unique, alors que la pensée s'attacherait au contraire au caractère universel et abstrait du langage.

La poésie lyrique, à cause de l'absence en elle de fable, constitue déjà en elle-même un cas extrême puisque le son et le sens y sont si étroitement unis qu'elle se révèle proprement intraduisible en une autre langue : elle peut tout au plus y être transposée, si possible par un traducteur qui soit lui-même poète. Or sa forme la plus radicale, la « poésie pure », dont les essais théoriques de Mallarmé présentent allusivement le programme, porte à son plus haut niveau la musicalité de la parole poétique : « Poésie, proche l'idée, est Musique, par excellence »[2]. Cependant la musicalité de la parole poétique ne vient pas de la pure sonorité sensible des mots, de ce qu'on appelle parfois « la musique des mots », mais de la modulation du vers, qui substitue aux rapports syntaxiques habituels de la prose des rythmes plus subtils, à l'image de la mélodie musicale. Car ce qui constitue le vers, ce n'est pas tant le nombre, les règles de la prosodie ou la rime, mais, comme le souligne Mallarmé, le mouvement d'une phrase qui « de plusieurs vocables refait un mot total, neuf, étranger à la langue et comme incanta-

1. Cf. G.W. F. Hegel, *Cours d'Esthétique, op. cit.*, tome III, 1997, p. 122.
2. S. Mallarmé, *Œuvres complètes*, « Quant au livre », Paris, Gallimard, Pléiade, 1974, p. 381.

toire »[1]. C'est pourquoi on peut aussi trouver des vers à l'intérieur du genre appelé prose : « vers il y a sitôt que s'accentue la diction, rythme dès que style »[2]. Si dans la poésie, les sons, les rythmes, les rimes conservent pourtant une telle importance, c'est que les mots ont pour fonction, en concentrant sur eux l'attention, d'anéantir toute réalité qui leur demeurerait extérieure : « Je dis : une fleur ! et, hors de l'oubli ou ma voix relègue aucun contour, en tant que quelque chose d'autre que les calices sus, musicalement se lève, idée même et suave, l'absente de tous les bouquets »[3]. Ce qui est le plus remarquable dans cette affirmation de Mallarmé, c'est l'intérêt porté par un poète au caractère abstrait du langage : « À quoi bon la merveille de transposer un fait de nature en sa presque disparition vibratoire selon le jeu de la parole, cependant, si ce n'est pour qu'en émane, sans la gêne d'un proche ou concret rappel, la notion pure ? »[4] La poésie pure nous livrerait-elle donc des concepts ? Elle nous livre une « idée suave et musicale » qui ne peut, en tant que telle, se confondre avec l'idée générale et abstraite de l'objet, mais qui n'a pas non plus la pesanteur de l'image, ni surtout sa fixité. Car la poésie n'a pas pour Mallarmé la tâche de nous reconduire à la réalité, de rendre le monde plus présent qu'il ne l'est dans la vie quotidienne, mais au contraire de nous ramener au silence d'où toutes choses sont issues et de manifester ainsi le caractère évasif et instable de la réalité : « Évoquer, dans une ombre exprès, l'objet tu, par des mots allusifs, se réduisant à du silence égal, comporte tentative proche de créer »[5]. Le langage se révèle alors comme doté d'une puissance inouïe d'abolition de la réalité qui le pare d'une existence absolue et comme indépendante. C'est ce que Novalis nommait déjà le caractère « monologique » du langage : « Le propre du langage, à savoir qu'il n'est tout uniment occupé que de soi-même, tous l'ignorent. C'est pourquoi le langage est un si merveilleux mystère, et si fécond : que quelqu'un parle tout simplement pour parler, c'est justement alors qu'il exprime les plus originales

1. S. Mallarmé, *Œuvres complètes*, « Crise de vers », p. 368.
2. *Ibid.*, p. 361.
3. *Ibid.*, p. 368.
4. *Ibid.*, p. 368.
5. *Ibid.*, p. 400.

et magnifiques vérités »[1]. C'est parce que le langage n'ouvre nullement sur une réalité autre, parce que comme le dit encore Novalis « tout est un conte » ou un « mythe » (*Alles ist ein Märchen*), que la parole poétique a cette vertu raréfiante, ce pouvoir infini de faire le vide et de créer l'absence. Mais pour ce faire, il lui faut prendre corps par la densité sonore ou l'architecture de la page dans l'écrit. Car c'est paradoxalement le Livre qui est le plus apte à représenter le mouvement *impersonnel* du langage alors que la voix reste attachée à l'homme qui parle et écoute[2]. Il reste pourtant que le langage présente pour Mallarmé une contradiction interne insurmontable : négateur de la réalité, il lui faut se faire lui-même chose sonore ou scripturale, se doter donc d'une réalité, pour affirmer son propre pouvoir de contestation. Ce qui menace alors, c'est la tendance à hypostasier le langage, à faire de lui une réalité supérieure, plus profonde et plus vraie, alors même que la parole poétique poursuit, à travers la présence constamment désavouée de ce que nomment les mots, une absence toujours plus affirmée. Ce dont vit en fin de compte la « poésie pure », c'est de cette contradiction irrésolue entre le pouvoir d'abstraction du langage et son égal pouvoir d'incantation : il nie les choses tout autant qu'il les présente en les suggérant, il les fait apparaître tout autant que disparaître.

Ce qui menace alors, c'est la tendance à s'enfermer dans le royaume des mots, à faire du seul langage une réalité supérieure, plus profonde et plus vraie que celle dont nous faisons quotidiennement l'expérience. Mais en même temps, la poésie lyrique, plus encore que les autres formes du discours poétique, telles que la poésie engagée, la tragédie ou l'épopée qui font intervenir d'autres moyens non verbaux, nous met face à l'immense pouvoir que recèle le langage. Car la parole est donatrice d'être, elle ne se borne pas à désigner les choses, elle les fait littéralement être, elle les tire pour ainsi dire du néant, dessine leurs contours et les place comme par magie

1. Novalis, *Fragments*, *op. cit.*, p. 71.
2. Cf. Mallarmé, « Quant au livre », *op. cit.*, p. 372 : « Impersonnifié, le volume, autant qu'on s'en sépare comme auteur, ne réclame approche de lecteur. Tel, sache, entre les accessoires humains, il a lieu tout seul : fait, étant... ». Toute cette analyse s'inspire d'un chapitre de *La part du feu* de M. Blanchot (Paris, Gallimard, 1949) intitulé « Le mythe de Mallarmé ».

devant nous. Cette puissance propre à la parole, les enfants la connaissent bien, eux qui veulent connaître le nom des choses avant même de pouvoir les manipuler et de savoir à quoi elles peuvent bien servir. C'est à elle qu'est sensible le poète, qui sait que le langage n'est pas seulement destiné à la communication, qu'il n'est pas seulement un moyen commode inventé par les hommes pour se comprendre les uns les autres, mais qu'il a aussi le pouvoir de faire surgir le monde devant nos yeux. Il faudrait à cet égard s'interroger sur le choix du mot même de « poésie » pour désigner l'art de la parole. Car le terme de *poïèsis* signifie « production », et le *poietès* est en grec le nom de l'artisan avant d'être celui du poète, de celui qui a pour seul matériau à travailler la parole. Les Grecs avaient en effet bien compris que la parole a le pouvoir de faire apparaître les choses, de les amener à la manifestation, et non pas seulement de les désigner, et c'est pourquoi ils ont donné le nom de « poésie » à l'art qui est le plus « productif » de tous.

Est-il possible de trouver une expérience équivalente dans le domaine de la pure pensée, dans le domaine de la philosophie ? Et peut-on parler ici d'un usage lui aussi particulier du langage et différent de son usage habituel d'outil de communication ? Que la forme du discours ordinaire soit inadéquate à l'expression de la pensée philosophique, c'est ce dont tout un chacun peut faire l'expérience dès qu'il se voit confronté à un texte philosophique. On a depuis toujours reproché aux philosophes leur manière abstruse de parler, à commencer par Héraclite, ce penseur présocratique qui fut déjà nommé « l'Obscur » par ses propres contemporains. C'est bien en effet parce qu'il n'y a pas de pensée hors langage que le philosophe doit sans cesse lutter avec les mots. On peut à cet égard considérer le travail du philosophe sur la langue comme une entreprise de traduction. Car il s'agit pour lui de passer de l'usage courant de la langue comme simple instrument de communication à une autre expérience de la langue où son et sens, mot et pensée ne sont plus séparables. C'est ce qui explique que les philosophes ont presque toujours besoin de créer de nouveaux mots, de nouvelles expressions pour se faire comprendre et qu'ils tombent parfois dans ce que l'on nomme le « jargon », cette langue artificielle caractérisée par sa complication et son affectation et qui, ne pouvant être comprise que des seuls philosophes, reste lettre morte pour le commun des mortels.

Mais ce n'est pas seulement au niveau du lexique que le philosophe doit innover, mais également au niveau même de la forme de son discours. C'est ce que l'on peut montrer en envisageant le cas extrême que représente le discours dialectique sous sa forme hégélienne. Définir le discours philosophique comme dialectique implique déjà la référence au caractère éminemment dynamique de la pensée conceptuelle qui se meut à travers (*dia*) différents énoncés ou *logoi*. La pensée dialectique s'oppose donc immédiatement à la stabilité de la forme du discours ordinaire qui est celle du jugement prédicatif. Ce fut en effet le mérite d'Aristote, le fondateur de la logique, que de montrer que tout discours obéit à la forme générale de la prédication : dire, c'est toujours dire quelque chose au sujet de quelque chose (*legein ti kata tinos*), c'est-à-dire subordonner un prédicat ou attribut à un sujet donné. Or c'est cette même forme logique de la prédication que Hegel récuse comme impropre à exprimer la pensée philosophique : « La proposition, quand elle a la forme d'un jugement, n'est absolument pas propre immédiatement à exprimer des vérités spéculatives », écrit-il dans la *Science de la logique*[1]. Que peut bien vouloir dire ici Hegel ? S'agit-il d'une particularité propre à la seule langue hégélienne, dont on connaît assez la réputation d'hermétisme, ou bien d'une affirmation valable pour tout discours philosophique comme tel ? Pourtant la structure logique de la prédication est la forme obligée de tout discours et il semble bien qu'y renoncer signifierait du même coup renoncer à toute parole[2]. Aussi s'agit-il moins d'y renoncer que de mettre en évidence la présupposition illégitime du point de vue philosophique sur laquelle elle repose : le sujet dont on parle, auquel on attribue

1. G. W. F. Hegel, *Science de la logique*, Aubier Montaigne, tome I, p. 66.
2. Cf. F. Nietzsche, *Volonté de puissance*, tome I, Paris, Gallimard, 1947 : « Notre plus vieux fonds métaphysique est celui dont nous nous débarrasserons en dernier lieu, à supposer que nous réussissions à nous en débarrasser – ce fonds qui s'est incorporé à la langue et aux catégories grammaticales et s'est rendu à ce point indispensable qu'il semble que nous devrions cesser de penser, si nous renoncions à cette métaphysique ».

un prédicat semble être donné par l'expérience et donc exister de manière substantielle *en dehors* de la pensée. Or la pensée philosophique, sous sa forme la plus haute, se déploie depuis Platon au niveau de la seule idée, sans recours à l'expérience ou à l'opinion. C'est la raison pour laquelle la forme prédicative du langage ordinaire se trouve nécessairement bouleversée dans tout discours philosophique. Plus précisément les rapports entre sujet et prédicat se voient *renversés* dans ce que Hegel nomme justement « proposition spéculative ». Hegel donne, dans la *Préface* de la *Phénoménologie de l'esprit*, un exemple destiné à éclairer sa pensée : soit la proposition spéculative « Dieu est l'être » ; dans une telle proposition qui obéit en apparence à la forme prédicative ordinaire, la pensée ne peut cependant pas progresser, comme c'est le cas dans le langage habituel, du sujet au prédicat, mais elle se trouve au contraire *freinée*, *inhibée*, car ce qui est posé comme sujet (Dieu) perd sa signification substantielle, sa fixité ; ce qui veut dire que la représentation habituelle que nous nous faisons de Dieu comme grand individu et être séparé est mise en déroute, et c'est au contraire le prédicat qui apparaît comme le véritable sujet[1]. Ce niveau où sujet et prédicat perdent leur fixité respective et passent pour ainsi dire l'un en l'autre est caractérisé par Hegel comme le niveau proprement spéculatif de la pensée parce qu'il manifeste le jeu de miroir (qui se dit en latin *speculum*) dans lequel se trouvent entraînées les déterminations de la pensée, dès lors que, désancrées par rapport au réel, elles se reflètent les unes dans les autres, entrent en relation les unes avec les autres, se délimitent les unes les autres. Ce jeu des déterminations conceptuelles est en effet un jeu libre par rapport à tout donné, à toute référence extérieure. Ce freinage dont la pensée philosophique fait l'expérience et qui l'oblige, au lieu de considérer le langage comme un instrument neutre par lequel passerait la signification, à *s'arrêter* et à réfléchir sur chaque proposition émise pour voir son sens se transformer, puisque du prédicat nous sommes en quelque sorte renvoyés au sujet, est non seulement ce qui explique la difficulté

1. Hegel, *Préface de la Phénoménologie de l'esprit*, Paris, Aubier Montaigne, 1966, pp. 147 sq.

propre à la lecture des textes philosophiques[1], mais aussi ce qui les apparente aux textes poétiques. Hegel lui-même souligne cette parenté en comparant le balancement rythmique du vers, en tant qu'il résulte de l'accentuation et de la métrique, au renversement des places du sujet et du prédicat dans la proposition spéculative[2]. L'expérience poétique et l'expérience philosophique nous confronteraient donc à la même essence « monologique » d'un langage sans extérieur et qui ne parle que pour lui-même.

Le danger qui menace donc tout autant le poète que le philosophe, c'est celui de se livrer à un pur jeu avec les mots et de perdre ainsi tout rapport avec l'usage habituel du langage et l'univers de la communication quotidienne. S'agit-il pour autant de créations arbitraires ? Et le philosophe, tout comme le poète, n'est-il pas celui qui exige de nous que nous devenions attentifs à cette merveille qu'est la parole ? Qu'est-ce qui fait donc parler le poète, penser le philosophe ? Non pas tant la volonté de rendre compte d'une réalité préexistant à la parole et qu'il s'agirait seulement de décrire ou d'expliquer, mais le désir de s'ouvrir à une mouvance des choses qui n'est pas différente du mouvement et du jeu du langage. La tâche que se proposent le poète comme le penseur, c'est celle non de s'enfermer dans un pur jeu avec les mots, mais de *métamorphoser l'être en parole*. C'est pourquoi la poésie « pure » comme la pensée « spéculative » demeurent des idéaux qui ne peuvent être véritablement réalisés. La poésie retombe parfois dans le cliché, la pensée se fait parfois vide et prend la forme d'une argumentation formelle. C'est alors que le poète et le penseur

1. Hegel, *Préface de la Phénoménologie de l'esprit*, *op. cit.*, p. 149 : « Ce freinage inhabituel est la source principale des lamentations sur l'inintelligibilité des écrits philosophiques [...]. Dans ce qu'on vient de dire, nous découvrons la raison d'un reproche spécifique, souvent adressé aux œuvres philosophiques, que beaucoup de passages doivent être relus plusieurs fois avant de pouvoir être compris. Mais de l'exposé ci-dessus résulte clairement la nature de la situation. La proposition philosophique, parce qu'elle est proposition, évoque l'opinion sur le rapport ordinaire du sujet et du prédicat, et sur le comportement ordinaire du savoir. Ce comportement et l'opinion qui en dérive sont renversés par le contenu philosophique de la proposition ».

2. *Ibid.*, p. 147 : « Ce conflit de la forme d'une proposition en général et de l'unité du concept qui renverse cette forme ressemble à celui du mètre et de l'accent dans le rythme ».

ont cessé d'être à l'écoute de ce que la langue *dit* par elle-même, ont oublié ce pouvoir de la parole qui est de donner l'être à toutes choses. Lorsque par contre cette écoute de la langue a lieu, lorsque le poète et le penseur prennent conscience du pouvoir du verbe, ont également lieu une parole et une pensée à leur plénitude. Parole et pensée qui loin de redoubler le réel le font au contraire *apparaître*, le portent à la *présence* et en quelque sorte *l'accomplissent*.

☆

« C'est pourtant poétiquement que l'homme habite sur cette terre » dit un vers souvent cité d'un poème tardif de Hölderlin[1]. Habiter ne consiste pas en effet seulement à aménager le territoire humain, à « humaniser » le monde – ce dont se charge en Occident une très puissante technique qui est d'ailleurs devenue aujourd'hui également capable de le détruire entièrement. Habiter consiste essentiellement à *maintenir* l'ouverture de la sphère humaine à une dimension non humaine, à ne pas couper l'homme de ses liens avec le tout. Or c'est précisément ce que font, chacune à leur manière, la poésie et la philosophie. Elles sont donc toutes deux des manières d'être au monde, des *expériences* qui, bien que fort différentes, sont pourtant étroitement apparentées. Car ce que l'on peut déceler en elles, c'est, au plus haut degré, la manifestation d'un souci qui n'est ni simplement souci de soi, ego-centrisme, ni simplement souci de l'autre, altruisme et donc anthropo-centrisme, mais ce que les Grecs nommaient « souci du tout ». Un tel souci du tout, qui s'exprime par excellence dans la philosophie, est aussi ce qui anime le poète alors même qu'il tente de nous communiquer ce qu'il y a de plus singulier et de plus personnel dans sa propre expérience du monde. Car cette ouverture à la vastitude du monde qui advient dans l'étonnement, cette émotion proprement philosophique, ne s'oppose nullement à la prise de conscience poétique de la singularité absolue de toute existence. Bien au contraire. Assumer sa singularité, ce n'est pas pour l'être humain se replier fri-

1. Cf. M. Heidegger, « … L'homme habite en poète … », *Essais et conférences, op. cit.*, pp. 224 sq.

leusement sur lui-même, mais bien plutôt garder vivant en lui, comme une blessure inguérissable, cette puissance d'échappement qui constamment l'arrache, poétiquement et philosophiquement, à tout enfermement dans l'horizon limité des besoins quotidiens.

La naissance de la philosophie en Occident est, comme cela a été rappelé, marquée par la rupture entre la mythologie et la philosophie et la naissance d'un rationalisme qui sera à l'origine des développements prodigieux de la science moderne. C'est peut-être parce qu'aujourd'hui commencent à apparaître les dangers inhérents à la confiance inconditionnelle que l'homme moderne a mise dans la raison que certains philosophes contemporains se tournent à nouveau vers la poésie, comme l'ont déjà fait les Romantiques à la fin du XVIIIe siècle. C'est parce que l'un d'entre eux, Martin Heidegger, s'est mis à l'école de la poésie de Hölderlin, qu'il a pu affirmer que pour le penseur, « le bon et salutaire danger est le voisinage du poète »[1]. Il semble que la figure du poète se voit plus marginalisée que jamais dans le monde de la technique moderne, mais cela n'empêche nullement que sa voix, lorsqu'elle parvient à se faire entendre au milieu de l'affairement et de l'agitation propres à l'homme des sociétés développées, ne nous aille droit au cœur. C'est dans ces moments-là que nous comprenons que la poésie n'est ni un simple passe-temps, ni une exaltation passagère, mais ce par quoi ce qu'il y a en nous de plus humain – la parole et la pensée – nous est soudain révélé.

1. M. Heidegger, « L'expérience de la pensée », *Questions III*, Paris, Gallimard, 1966, p. 29.

La poésie comme origine : Hölderlin et Heidegger

DANS UNE LETTRE de janvier 1799 adressée à sa mère et que cite Heidegger dans son premier cours sur Hölderlin de l'automne 1934[1], Hölderlin dit de la poésie qu'elle est « cette occupation innocente entre toutes » (*diss unschuldigste aller Geschäfte*) qui, en tant que simple jeu avec les mots, ne peut être mise en balance avec le sérieux de l'action. Et pourtant, dans un fragment qui date à peu près de la même époque (1800) et que Heidegger dans sa conférence de Rome d'avril 1936 sur « Hölderlin et l'essence de la poésie » rapprochait de la lettre de janvier 1799, le langage est dit « le plus dangereux des biens » *(der Güter Gefahrlichstes)* qui aient été donnés à l'être humain dans la mesure où celui-ci est « le semblable aux dieux » (*der Götterähnliche*)[2]. Comment, demande Heidegger dans sa conférence, si l'on considère que la poésie est œuvre de langage, la plus grande innocence se laisse-t-elle conjuguer avec le plus haut danger ? Que doit donc être la poésie pour que, sous l'apparence d'un jeu inoffensif, elle recèle la possibilité de la plus grande mise en péril de l'être homme ?

1. M. Heidegger, *Hölderlins Hymnen*, *GA* Band 39, Klostermann, Frankfurt am Main, 1980, pp. 33-34 (*Les hymnes de Hölderlin*, Paris, Gallimard, 1988, traduction française par F. Fédier et J. Hervier).
2. M. Heidegger, *Erläuterungen zu Hölderlin Dichtung*, Klostermann, 1971, p. 33 (*Approche de Hölderlin*, Gallimard, 1973, traduction française par H. Corbin, M. Deguy, F. Fédier, J. Launay, p. 44).

À ces questions, Hölderlin a lui-même répondu en mettant en lumière, dans une lettre à son frère datée du 1er janvier 1799, l'essence poïétique de la *Dichtung.* Il est nécessaire de citer ici *in extenso* ce long passage :

> D'ailleurs, quand bien même l'intérêt pour la philosophie et la politique serait beaucoup plus général et sérieux qu'il n'est, il serait bien loin de suffire à l'éducation (*Bildung*) de notre nation et il serait souhaitable que cesse une bonne fois l'incompréhension sans limites par laquelle l'art, et particulièrement la poésie, se trouvent rabaissés chez ceux qui les pratiquent et chez ceux qui veulent en jouir. On a déjà dit beaucoup de choses à propos de l'influence des beaux-arts sur l'éducation des hommes, mais toujours comme si personne ne prenait la chose au sérieux, ce qui était naturel, car nul n'a pensé ce qu'est l'art et particulièrement la poésie en son essence. On s'en est simplement tenu à son apparence sans prétentions, qui est assurément inséparable de son essence, mais qui n'en constitue nullement tout le caractère ; on l'a prise pour un jeu, parce qu'elle apparaît sous la figure modeste du jeu, et par conséquent on ne pouvait raisonnablement attendre d'elle aucun autre effet que celui du jeu, c'est-à-dire la distraction, presque le contraire diamétral de l'action qu'elle exerce quand elle est présente dans sa vraie nature. Car alors l'homme se recueille en elle et elle lui donne le repos, non le repos vide mais le repos vivant, où toutes les forces sont en mouvement et où seule leur harmonie intime empêche de les percevoir comme agissantes. Elle rapproche les hommes et les rassemble, mais non pas à la manière du jeu où ils ne sont réunis que par le fait que chacun s'oublie lui-même et où la particularité vivante d'aucun d'entre eux ne vient à l'apparaître[1].

On peut certes se contenter de reconnaître dans le début de ce texte l'écho des *Lettres sur l'éducation esthétique de l'homme* que Hölderlin avait lues avec enthousiasme dès leur parution en 1795 et dans lesquelles Schiller se proposait de réconcilier, dans le règne intermédiaire de l'apparence et de la beauté, les deux natures sensible et suprasensible de l'homme, de manière à mettre fin au dualisme kantien de la nature et de la moralité. Pourtant c'est Schiller lui-même qui dans ces *Lettres* invoque, à côté des besoins physiques et moraux de l'homme qui constitue pour lui l'ordre de la nécessité, le *besoin de*

1. Hölderlin, *Œuvres,* Pléiade, Gallimard, 1967, pp. 690-691. Je donne ici ma propre traduction de ce passage.

jeu qui est aussi besoin d'art, par lequel l'homme échappe à la contrainte physique ou morale et fait l'expérience réelle de la liberté précisément parce qu'il se sent plus intimement lié au monde lorsqu'il se tient avec celui-ci non pas dans un simple rapport instrumental, mais dans un rapport esthétique[1]. Or pour Hölderlin l'innocence du jeu qui arrache la poésie et l'art en général au règne de la contrainte et du rapport instrumental n'est encore qu'une apparence, que la face extérieure (*Aussenseite*) sous laquelle la poésie se présente lorsqu'elle est mesurée aux critères pratiques de la quotidienneté. C'est bien là la raison pour laquelle, écrivant à sa mère, soucieuse uniquement de l'avenir pratique de son fils, il la dépeint encore comme une « occupation » – *Geschäft* signifie aussi l'état, le métier, la profession – mais comme la plus innocente de toutes.

S'il s'agit maintenant d'aller jusqu'à l'« essence » de la poésie, c'est-à-dire à ce qui en constitue l'être véritable, ce n'est plus « l'instinct de jeu » qu'il faut invoquer, mais un faire plus haut que celui qui régit la pratique quotidienne et que le nom grec de *poïèsis* indique déjà par lui-même. On n'a pas assez remarqué, en effet, le double sens significatif de ce terme grec qui signifie en même temps un faire compris comme fabrication et production *et* la création poétique au sens spécifique, réunissant ainsi du point de vue sémantique une espèce éminente de la production à la production au sens général. On peut y voir le signe d'une prééminence de l'art de la parole sur tous les autres arts en Grèce, puisque c'est cet art-là et nul autre qui porte le nom de *poïèsis*. Faire exister quelque chose par le seul pouvoir des mots constitue en effet pour le Grec le paradigme de toute « production » comme telle. Cette puissance poïétique de la poésie, qui la rend supérieure à la théorie comme à la pratique, à la philosophie comme à la politique, c'est ce singulier pouvoir d'*instauration* auquel Hölderlin fait allusion dans le vers final d'*Andenken* (Mémoire), un

1. Schiller met en effet du même côté, celui de la contrainte, le besoin physique et le besoin moral et s'oppose ainsi à la théorie kantienne de l'autonomie qui unit au contraire moralité et liberté. Il s'agit en effet pour lui de libérer l'homme de toute contrainte aussi bien physique que morale et ce par l'art et par le jeu car « l'homme n'est tout à fait homme que là où il joue » (*Lettres sur l'éducation esthétique de l'homme*, Paris, Aubier Montaigne, 1943 p. 205).

poème écrit entre 1803 et 1804, juste avant de sombrer dans ce que l'on a coutume de nommer sa « folie » : *Was bleibet aber, stiften die Dichter*, « Mais ce qui demeure, les poètes l'instaurent »[1].

Qu'est-ce qui est cependant ainsi instauré par la poésie ? Le passage cité ci-dessus de la lettre de Hölderlin à son frère le dit clairement : c'est l'être-ensemble des hommes, un être-ensemble dans lequel l'individu conserve sa particularité et, se souvenant de lui-même, entretient avec tous les autres un lien *vivant*. C'est cette *vivacité* du rapport harmonique de tous avec tous que Hölderlin comprend comme repos (*Ruhe*) au sens où le véritable repos n'est pas le contraire de la mobilité, mais bien son déploiement le plus pur. Une telle compréhension du repos non pas comme arrêt ou interruption du mouvement mais comme rassemblement suspensif de la mobilité, Heidegger la retrouve dans la *Métaphysique* d'Aristote (Θ 6) et chez les Grecs en général qui contrairement aux Modernes « conçoivent la mobilité à partir du repos » parce qu'ils pensent l'achèvement de l'œuvre non pas comme la « fin » du processus poïétique, mais comme son rassemblement, sa captation dans la stance (*auffangendes Aufbehalten der Bewegung*)[2]. Cette captation réussie de la mobilité dans le repos, c'est ce que Hölderlin comprend comme « harmonie intime » (*innige Harmonie*) au sens héraclitéen de cette harmonie inapparente (*harmoniè aphanès*) plus forte que l'harmonie apparente (*phanerès*[3]) parce qu'elle n'est pas un accord dépourvu de tension – c'est-à-dire l'abolition du particulier dans un universel vide – mais au contraire l'ouverture du conflit authentique au sein duquel les particularités se limitent les unes les autres de façon vivante[4]. Alors que le simple jeu *distrait* les hommes de leur particularité vivante et ne les réunit que dans la *dispersion* (le terme de *Zerstreuung* qui qualifie ici l'effet produit par le jeu a le double sens de distraction et de dispersion), la poésie a au

1. Cf. *Erlaüterungen zu Hölderlins Dichtung, op. cit.*, p. 38 ; pp. 136 sq., trad. pp. 51-52 ; 184 sq.
2. Cf. M. Heidegger, « Vom Wesen und Begriff der Physis » (texte de 1939) in *Wegmarken*, Klostermann, Frankfurt am Main, 1967, p. 354, trad. in *Questions II*, Paris, Gallimard, 1968, p. 246.
3. Héraclite, Fragment 54.
4. *Hölderlins Hymnen, op. cit.*, pp. 124-125 ; trad. fr. p. 121.

contraire le pouvoir de les rassembler sans les contraindre à l'oubli de soi ni à l'abandon de leur individualité. C'est donc cette force poïétique qui préside au rassemblement des hommes, c'est-à-dire à la naissance des peuples et qui est à l'origine de la philosophie et de la politique, comme Hölderlin le proclame à la fin du premier volume de son *Hypérion*, dans le grand discours sur les Athéniens[1].

Cette force poïétique qui rassemble les hommes n'est cependant rien d'autre que la parole qui nomme les dieux puisque l'être homme exige impérativement de se mesurer avec la divinité. C'est ce que Hölderlin affirme dans le poème tardif – un poème donc de la « folie » puisqu'il date des années 1806-1810 – *In lieblicher Bläue* : « En bleuité adorable » que commente Heidegger dans sa conférence de 1951, *Dichterisch wohnet der Mensch...* « ... L'homme habite en poète... »[2], dont il faut citer ici les vers 24 à 38 :

> Est-il permis, quand la vie n'est plus que peine, à un homme de regarder vers le haut et de dire : c'est ainsi que je veux être aussi ? Oui. Aussi longtemps que l'amabilité, la pure, lui dure au cœur, il ne se mesure pas infortunément, l'homme, avec la déité. Est-il inconnu, Dieu ? Est-il manifeste comme le ciel ? C'est ce que je crois plutôt. La mesure de l'homme, c'est cela. Plein de mérites, c'est pourtant poétiquement que l'homme habite sur cette terre. Pourtant plus pure n'est pas l'ombre de la nuit avec les astres, si je pouvais dire ainsi, que l'homme qui a nom image de la déité. Y a-t-il sur terre une mesure ? Il n'y en a pas[3].

Il n'est donc pas d'existence humaine qui ne prenne sa mesure au ciel afin d'habiter cette terre. Mais cette habitation est poétique au sens où elle ouvre le séjour terrestre à l'étrangeté de ce qui se manifeste dans le céleste en incluant dans l'apparence du familier les images visibles de l'étranger[4], ce qui ne peut advenir que par la nomination

1. Hölderlin, *Œuvres, op. cit.*, pp. 199 sq.
2. Cf. M. Heidegger, *Essais et conférences*, Paris, Gallimard, 1958, pp. 224 sq.
3. Traduction, très légèrement modifiée, de François Fédier in Friedrich Hölderlin, *Douze Poèmes*, Paris, Orphée, éd. de La Différence, 1989, p. 107.
4. *Essais et conférences, op. cit.*, pp. 240-241. Commentant d'autres vers de la même période qui parle du dieu invisible qui « s'envoie dans l'étranger » (*sich schicket in Fremdes*) et qui se donne ainsi à voir dans le visage du ciel (*das Angesicht des Himmels*) pour y être gardé comme l'inconnu, Heidegger écrit :

et la représentation en image des dieux. C'est ainsi qu'à la fin de la troisième esquisse du poème qui s'intitulera ensuite *Friedensfeier*, « Fête de la paix », on trouve ces vers :

> L'homme a expérimenté beaucoup
> Des Célestes nommés beaucoup
> Depuis que nous sommes un dialogue
> Et pouvons ouïr les uns les autres.

Depuis que la parole est parole commune, *Gespräch*, c'est-à-dire depuis qu'elle rassemble les hommes, est advenue la multiple nomination des dieux qui fait de tout dieu un dieu du mythe et qui atteste que toute religion est dans son essence poésie. C'est pourquoi dans un essai datant de l'hiver 1796-97 auquel fut donné par après le titre *Über Religion*, « Sur la religion », Hölderlin entreprend de répondre à la question de savoir pourquoi les hommes éprouvent le besoin de représenter en idée ou en image ce lien plus profond que la simple relation mécanique qui les unit au monde dans le besoin physique ou moral, lien qu'il faut nommer « destinal », mais en se souvenant que l'allemand *Geschick* recouvre lui aussi le double sens du français « adresse » qui signifie non seulement la destination mais également l'habileté et le

« Le poète ne fait œuvre de poésie que lorsqu'il prend la mesure : lorsqu'il dit les aspects du ciel de sorte qu'il se soumet à ses phénomènes comme à cet étranger dans lequel le dieu inconnu s'"envoie". Le nom qui nous est habituel pour l'aspect et l'apparence est l'"image" (*Bild*). L'essence de l'image est de faire voir quelque chose. Par contre les copies et les imitations (*Abbilder und Nachbilder*) sont déjà des espèces dégénérées de l'image proprement dite qui fait voir l'invisible en tant qu'aspect et l'"image" ainsi en le faisant entrer dans ce qui lui est étranger. C'est parce que la poésie prend cette mesure secrète, c'est-à-dire la prend au visage du ciel, qu'elle parle en "images". C'est pourquoi les images poétiques sont des "imaginations" (*Ein-bildungen*) en un sens insigne : non pas de simples fantaisies ou des illusions, mais des imaginations » en tant qu'inclusions visibles de l'étranger dans l'aspect du familier. Le dire poétique des images unit la clarté et l'écho des phénomènes célestes à l'obscurité et au silence de l'étranger. Sous de tels aspects, le dieu paraît étrange (*befremdet*). Par cette étrangeté (*Befremdung*), il manifeste son incessante proximité » (traduction modifiée).
De telles images *de* l'invisible et *de* l'inconnaissable (génitif subjectif) on ne peut rendre compte ni par le concept de métaphore, ni par celui de *Darstellung*, (re)présentation, qui supposent tous deux l'antécédence (*die Vor-handenheit*) de ce qui est figuré ou (re)présenté. Et c'est aussi dans ce même sens insigne d'« image » qu'il faut comprendre l'homme comme « image de la déité ».

savoir-faire. Car nul « destin » n'advient sans la participation de l'homme ni sans son action. Et pour que l'homme soit capable de s'élever au dessus de la nécessité, c'est-à-dire de devenir humain, il lui faut « se souvenir » de son destin, souvenir que l'allemand pense par le mot de *Erinnerung* comme une intériorisation, ce qui n'advient que si son activité n'est ni trop ambitieuse, ni trop bornée[1]. Car atteindre cette satisfaction ou plutôt cet apaisement (*Befriedigung*) plus infini que celui que procure la satisfaction du besoin, parvenir à ce suspens momentané de la vie réelle qui, contrairement à l'état négatif, semblable au sommeil des animaux rassasiés, consiste en la *répétition* dans l'esprit de la vie réelle, ne dépend nullement d'une imprévisible grâce divine, mais *uniquement* de la manière dont est vécue la vie finie et donc de la capacité de l'homme et de son adresse à trouver des formes tirées des processus par lesquels on maîtrise la vie concrète pour exprimer l'infini. Les hommes ont donc besoin d'une force poïétique

1. *Hölderlin Werke und Briefe*, « Über Religion », Insel, Frankfurt am Main, 1969, Band II, pp. 635-36 : « Tu me questionnes ainsi et je ne puis te répondre que ceci : l'homme ne s'élève au-dessus de la nécessité que pour autant qu'il peut et désire *se souvenir* de son destin, qu'il peut et désire être *reconnaissant* de vivre, il *ressent* sa connexion plus entière avec l'élément dans lequel il se meut aussi de manière plus entière, qu'en s'élevant au-dessus de la nécessité dans son activité et les expériences qui lui sont liées, il éprouve aussi une satisfaction plus infinie, plus entière que n'est la satisfaction du besoin, pourvu que son activité soit de genre convenable, qu'elle ne soit pas trop ambitieuse *pour lui*, pour ses forces et son adresse, qu'il ne soit pas trop agité, trop indéterminé et de l'autre côté pas trop craintif, trop limité, trop modéré. Mais que l'homme s'y prenne convenablement et il y a pour lui dans la sphère qui lui est propre, une vie plus que de besoin, une vie plus haute, donc une satisfaction plus infinie. Or de même que toute satisfaction est un arrêt momentané de la *vie effective*, il en va de même de la satisfaction plus infinie, avec *cette* seule différence importante que de la satisfaction du besoin résulte une satisfaction négative, comme par exemple le fait que les animaux dorment habituellement lorsqu'ils sont rassasiés, alors que de la satisfaction plus infinie résulte certes aussi un arrêt momentané de la *vie effective*, mais qu'à celle-ci succède une vie dans l'esprit et que la force de l'homme répète dans l'esprit la vie effective qui lui a donné satisfaction jusqu'à ce que la perfection et l'imperfection propres à cette répétition spirituelle le reconduise à la vie effective. »
Je reprends ici, en la modifiant légèrement, une traduction inédite de François Fédier. Ce texte, qui sert également de base à la traduction de Denise Naville dans Hölderlin, *Œuvres*, *op. cit.*, p. 645, reçoit d'importantes modifications dans l'édition la plus récente d'Hölderlin (*Sämtliche Werke*, Band 14, *Entwürfe zur Poetik*, Roter Stern, Frankfurt am Main, 1979) qui n'a pas été prise en considération ici.

leur permettant d'emprunter au matériel de leur vie réelle pour créer la sphère de leur monde divin afin que les dieux soient aussi présents dans leur quotidienneté.

Car tout monde historique, aussi limité soit-il, peut devenir le lieu d'apparition du sacré et du divin, pourvu que la relation avec le divin ne soit pas ressentie comme tyrannique ou servile et que le ciel n'y soit ni absent, ni placé trop haut et hors d'atteinte[1]. Les figures des dieux sont en effet les libres créations poétiques des hommes dans lesquelles ils se donnent à voir leur vie supérieure en tant qu'elle s'élève au-dessus du simple besoin. Mais ce qui est ainsi librement figuré, c'est la *vie* elle-même dans son effectivité, sa *Wirklichkeit*, qui se reproduit dans l'esprit. On ne peut donc considérer les dieux ni comme des êtres autonomes indépendants du monde et excédant celui-ci, ni comme de simples productions humaines, « trop humaines », mais comme les images finies de l'infini. Car cette *répétition* de la vie qui advient comme esprit, comme *Geist*, n'est nullement une simple reproduction, un reflet appauvri de la vie effective et le retour sous des dehors mystifiants du réel déjà advenu, mais ce qui permet à la vie réelle de *se faire voir telle qu'elle est*. Pour penser l'essence d'une telle répétition, il faut faire appel, non pas à la manière dont Platon comprend la *mimèsis*, comme la production dérivée d'une copie, mais plutôt à l'interprétation qu'en donne Aristote qui, loin de voir dans la poésie la production de simples imitations, de pures apparences « fort éloignées de la vérité » (*République* 598 b) qu'il s'agit d'exclure au nom de la philosophie, lui accorde au contraire suffisamment d'importance pour lui consacrer un traité. Dans la *Poétique* en effet, Aristote

1. Ces deux limites renvoient aux figures inverses du Moderne (l'Allemand) et de l'Égyptien (Cf. *Hypérion, Œuvres, op. cit.*, pp. 203-204). La figure de L'Égyptien, qui est celle de la séparation, et que Hölderlin doit à Winckelmann et à son *Histoire de l'art antique* (1764) anticipe sur celle du Juif dans les écrits de Berne et de Francfort de Hegel. Il faut pourtant noter que dans la troisième version d'Empédocle (datant de septembre 1799) Manès l'Égyptien est celui qui conteste à Empédocle le droit à opérer la réconciliation entre art et nature et à servir de médiateur entre les dieux et les hommes : il est l'adversaire qui met en garde contre une annonce prématurée du retour des dieux. Le poème « Vocation de poète » (1800-1801) se termine sur l'idée que « le défaut de Dieu aide » et rend ainsi compte, en regard de l'impatience grecque et empédocléenne, de la nécessité « égyptienne » d'endurer l'opposition.

reconnaît que « la poésie est plus philosophique et d'un caractère plus élevé que l'histoire, car la poésie raconte plutôt le général et l'histoire le particulier » (1451 b). La poésie au lieu de raconter les choses telles qu'elles se sont effectivement passées, en faisant place à l'accidentel, les peint au contraire comme elles auraient pu se passer, c'est-à-dire en rapport avec leur essence. Contrairement à l'histoire événementielle, la poésie a donc part à la généralité de l'essence, tout comme la philosophie. Elle demeure pourtant comme chez Platon définie par la *mimèsis* (1447 a), mais celle-ci ne signifie plus ici la distance de la copie par rapport à l'original, mais l'apparaître en image de l'essence même des choses : « On se plaît à la vue des images parce qu'on apprend en les regardant et on déduit ce que représente chaque chose, par exemple que cette figure, c'est un tel » (1448 b). Le plaisir d'une telle reconnaissance ne réside pas dans la comparaison de la copie par rapport à l'original, mais dans la saisie *uniquement dans et par l'image* de ce qu'elle doit représenter. La *mimèsis* est plus alors un acte d'*identification* (de l'acteur avec son rôle) que de *reproduction* (du modèle par son imitateur) et l'image ainsi produite n'est nullement une copie (*Nachbild*), mais bien au contraire l'original (*Urbild*) qui porte au paraître ce qui demeurait auparavant inapparent. De même lorsque dans la *Physique,* Aristote dit de l'art qu'il « imite la nature » ou « exécute ce que la nature est impuissante à effectuer » (B 8, 199 a), il ne s'agit pas en fait de deux affirmations différentes, mais de l'interprétation d'un seul et même processus : imiter la nature, ce n'est pas la redoubler en image – car alors l'art sombrerait dans cette futilité que dénonce Pascal lorsqu'il s'écrie : « Quelle vanité que la peinture qui attire l'admiration par la ressemblance des choses dont on n'admire point les originaux »[1] –, mais l'achever, l'accomplir, c'est-à-dire la porter au paraître en l'arrachant à la réserve dans laquelle elle se complaît[2].

1. Cf. Pascal, *Pensées* (40).
2. Sur la *mimèsis* aristotélicienne, voir E. Martineau, « Mimesis dans la "Poétique" : pour une solution phénoménologique (À propos d'un livre récent) », *Revue de Métaphysique et de Morale* n° 4, 1976, pp. 438-466. Il est capital en effet de ne pas simplement opposer la « vraie *mimèsis* » (aristotélicienne) comme rapport entre deux producteurs et comme identification de l'acte humain à l'acte divin, à la « mauvaise *mimèsis* » (platonicienne) comme rapport entre deux choses produites et imitation d'un original par sa copie, mais

L'image ainsi comprise, en tant qu'elle donne à voir l'*être* alors que la réalité ne livre jamais que l'étant, est non seulement proche de l'idée mais aussi *supérieure* à elle car, comme l'affirme Hölderlin dans son essai, « la simple pensée, si noble soit-elle, ne peut jamais reproduire que *le lien nécessaire*, les lois universellement valables, indispensables de la vie ». La pensée est en effet toujours pensée de la nécessité et de l'universel et non pas du divin ni du singulier en tant que tels. La pensée ne peut donc penser ces lois non écrites qui surpassent les lois naturelles – et à ce moment Hölderlin évoque la figure d'Antigone – que de manière abstraite en les détachant de l'ensemble de la vie concrète et en les transformant en une éthique prescriptive qui a perdu toute référence à l'esprit *toujours fini, toujours singulier*, qui a présidé à leur élaboration et qui *seul* exprime la totalité infinie des rapports vivants de la vie concrète. Car les hommes sont graduellement amenés à faire l'expérience fondamentale de l'inséparabilité de leur action et du monde dans lequel elle s'exerce et c'est cette *Grunderfahrung* qui est à l'origine même de leur accession au divin, puisque Dieu n'est rien d'autre que l'image de l'expérience fondamentale de l'union de l'homme et de la nature. Ici il est nécessaire de prendre toute la mesure de l'extraordinaire transformation que subit l'idée de Dieu chez Hölderlin – transformation qui apparaît comme le seul moyen de « sauver » le divin à l'époque moderne de la « nuit des dieux ». Car on peut trouver dans cet essai une nouvelle preuve de l'existence de Dieu, dont Hölderlin nous dit qu'« elle réside en peu de mots ». Cette preuve s'énonce ainsi :

> Ce n'est ni à partir seulement de lui-même, ni à partir des objets qui l'entourent que l'homme peut faire l'expérience qu'il existe autre chose qu'un cours purement mécanique, qu'il y a un esprit, un dieu dans le monde, mais bien à partir d'une relation plus vivante, d'une relation s'élevant au-dessus des besoins, avec ce qui l'entoure.

de mettre en lumière l'*originarité* de l'imagination qui « radicalise le *phyein* en *phainesthai* » (p. 465) et force ainsi à apparaître ce qui aime l'occultation. C'est cette compréhension de la *technè*, c'est-à-dire de l'art, que l'on trouve en effet chez Heidegger, lorsqu'il la caractérise par le *deinon*, le faisant-violence : « Car le faire violence est l'usage de la violence contre le surdominant : c'est amener, par le combat du savoir, l'être auparavant fermé à l'apparaître en tant qu'étant » (*Einführung in die Metaphysik*, Niemeyer, Tübingen, 1953, p. 122 ; trad. fr. p. 174). Une telle compréhension de l'œuvre d'art comme *das seiende Sein* outrepasse les limites de toute « esthétique » de la « (re)présentation » (*Darstellung*).

Dieu n'est donc ni le principe de la pensée humaine (preuve ontologique par l'idée) ni le fondement du monde (preuve cosmologique), il ne se révèle qu'à partir de la structure globale formée par l'homme et le monde. La nouvelle preuve se fonde sur la *relation*, c'est-à-dire sur l'expérience fondamentale à partir de laquelle l'homme et le monde se constituent et se déterminent réciproquement, elle s'appuie sur la correspondance poétique et poïétique de l'homme et du monde qui dans leur échange mutuel font apparaître un « plus » infini qui est éprouvé comme esprit et qui, dans la mesure où il est représenté en image, est alors nommé Dieu. Ce dieu, au contraire du dieu métaphysique, n'est ni objet de pensée ni objet de croyance, ce dieu de la « sphère » (humaine parce que divine et divine parce qu'humaine) est *éprouvé* et ne vient à la parole que lorsqu'il est porté par la poésie et représenté dans des images. À la place des démonstrations métaphysiques de l'existence de Dieu, il y a chez Hölderlin une *monstration phénoménologique* du divin qui s'appuie sur l'analyse structurale de la vie effective en tant qu'elle est une vie communautaire.

Car même dans une existence limitée, l'homme peut vivre de manière infinie. La limitation n'est pas le contraire de l'infinité : la figure particulière du dieu est précisément la condition d'une infinité *vivante* qui est l'infinité même du mouvement de la vie et de son effectivité en tant qu'elle s'élève à l'esprit et de l'esprit retourne à l'effectivité[1]. L'image est la figure concrète qui contient l'infini et le donne : elle est la donation immédiate de l'infini alors que le concept ne

1. Hölderlin précise dans « Sur la religion » que la répétition de la vie effective dans l'esprit se poursuit « jusqu'à ce que la perfection et l'imperfection propres à cette répétition spirituelle rejettent l'homme dans la vie effective ». La vie spirituelle ne peut perdurer indéfiniment car alors elle se détacherait de la vie effective et vaudrait « en soi ». Il lui faut donc périodiquement retourner à la vie effective pour ne pas courir le risque d'hypostasier les images « parfaites » qu'elle produit de celle-ci. Ce mouvement d'aller et retour incessant de la vie effective à la vie spirituelle peut bien être nommé « religion » si on le comprend, à partir il est vrai de la fausse étymologie de ce terme, comme un *religare*, comme un rapport vivant de l'humain au divin et du divin à l'humain.
Je suis ici l'admirable commentaire que donne de ce texte Margarete Röhrig dans sa dissertation inédite *« Das Sein im einzigen Sinne des Wortes », Hölderlins ontologische Konzeption nach den beiden Aufsätzen « Über Religion » und « Das Werden im Vergehen »*, Würzburg, 1985.

le présente que de manière médiate par le renvoi à d'autres concepts et à leur jeu dialectique. L'image permet l'identité immédiate du tout et du particulier : dans les mythologies, la réalité apparaît sous l'aspect du libre jeu de figures divines qui sont à la fois individualisées et pourtant référées à la totalité dont elles présentent chacune un des aspects. C'est cette manière de représenter la réalité qui seule est adéquate. *Il n'est donc pas d'autre expérience de l'infini que dans son devenir image.* Mais l'image ne donne séjour à l'infini que pour un temps, non pas pour toujours ni en général, mais seulement maintenant et en particulier. Le véritable contenu du mythe, c'est donc le dieu : c'est dans l'image du dieu que se représente l'expérience fondamentale de chaque humanité, l'esprit particulier qui préside à l'élaboration de chaque sphère historique singulière. Cela ne signifie nullement le caractère indépassable de chaque sphère historique singulière : Hölderlin envisage au contraire la possibilité pour l'être humain de « se mettre à la place d'un autre » et de « faire de la sphère de l'autre la sienne propre » et affirme que c'est un « besoin des hommes » que « de mutuellement faire s'associer leur divers genres de représentations de ce qui est divin » et de « donner à la restriction qu'a et ne peut qu'avoir tout genre de représentations isolé sa liberté » en le comprenant « dans un tout harmonique de genres de représentations ». Car ce n'est pas d'un dieu commun dont il est besoin, mais d'une mise en commun des dieux. C'est parce que la figure particulière et finie du dieu est la condition d'une expérience vivante de l'infinité qu'elle peut librement s'ouvrir à d'autres expériences du divin – ce qui est tout autre chose que de la simple tolérance. Ici c'est la liberté (le fait que le rapport au dieu singulier ne soit ni servile ni tyrannique) qui exige le rapport à l'autre : il faut la rencontre d'autres dieux, d'autres possibilités d'existence pour que la sienne propre devienne effectivement vivante. Cet avènement de la liberté est l'avènement propre de l'humain en même temps que celui du divin. Et c'est ce que l'on pourrait nommer la polylogie des expériences fondamentales qui appelle et exige le polythéisme des représentations. Ce passage de l'essai hölderlinien fait fortement penser à la fin du *Systemprogramm*[1],

1. Hölderlin, *Œuvres, op. cit.*, pp. 1157-1158.

ce texte de janvier 1797 écrit de la main de Hegel, mais probablement dicté par Hölderlin plutôt que par Schelling auquel il a aussi été attribué et que Franz Rosenzweig a découvert en 1917, sans doute sans mesurer tout à fait l'ambition du projet qu'il contient, qui n'est rien d'autre que celui de la fondation d'une nouvelle religion permettant aux Occidentaux de devenir effectivement ces « juifs grecs » qu'ils sont pourtant déjà. Ce programme prévoit en effet, sous l'obédience de la poésie, « éducatrice de l'humanité », le devenir « sensible » de la religion et le devenir philosophique de la mythologie afin que les hommes éclairés et ceux qui ne le sont pas se donnent finalement la main : « Jamais plus le regard méprisant, jamais plus l'aveugle tremblement du peuple devant ses sages et devant ses prêtres. » C'est pourquoi il est besoin d'« une mythologie de la raison » : « Monothéisme de la raison et du cœur, polythéisme de l'imagination et de l'art, voilà ce qu'il nous faut ». La réalisation d'un tel programme exige avant tout une nouvelle théorie de l'image – et du même coup de la *Bildung*, de l'éducation – qui mette en échec l'interdit « sublime » de la représentation, ce qui ne peut advenir que par l'abandon de l'*esthétique* de la (re)présentation et la mise en lumière du caractère inaugural du poétique. Car l'esthétique du sublime est elle aussi « négativement » fondée sur la *Darstellung*, alors qu'il faudrait au contraire penser le processus d'« élévation » propre au sublime comme « immanent » à l'image elle-même et cesser par conséquent d'opposer le beau au sublime. Or c'est précisément là ce à quoi vise toute l'œuvre de Hölderlin.

Cette expérience fondamentale qui est celle de l'inséparabilité de l'homme et du monde dans lequel il vit ne peut être exprimée ni en idées ou concepts, ni en simples faits, mais seulement par l'union des deux dans le récit (*mythos*) car le dieu du mythe, s'il est bien « image » ne l'est pas *d'abord* comme image plastique, mais bien comme image verbale, à partir de laquelle les arts plastiques sont rendus possibles. La forme fondamentale de la représentation des dieux est donc le récit qui raconte l'histoire des dieux, le mythe dans sa figure verbale qui revêt trois formes principales, épique, dramatique et lyrique. Le mythe épique (Homère) et le mythe dramatique, c'est-à-dire tragique (Eschyle, Sophocle, Euripide) renvoient aux Grecs : quant au mythe lyrique, en tant que mythe moderne, il demeure encore à définir[1].

Tout est divin et « tout est intense », *alles ist innig*, comme on peut le lire sur un des cahiers de Hölderlin en écho au *Hen panta* héraclitéen qui fut la devise de Hölderlin et de Hegel à Tübingen – si du moins on comprend l'*Innigkeit* hölderlinienne non pas au sens d'une intériorité, mais comme « l'intensité de tous les rapports entre tout » ou encore comme « l'immense tendresse où tout est en rapport avec tout »[2]. Voir et dire l'unité du divers et la divinité du tout, voilà en quoi consiste la tâche de l'existence poétique. Et ce n'est que lorsque le divin est séparé de la réalité et que le caractère poétique de celle-ci n'est plus perçu ni expérimenté et qu'elle ne se présente plus que comme facticité nue, qu'il est alors plus que jamais besoin de poètes et de poésie. C'est pourquoi à la fin de la septième strophe de son élégie *Brot und Wein*, « Pain et vin », que Hölderlin compose au cours de l'hiver 1800 et qui dit le retrait du divin, on trouve la question adressée à son ami, le poète Heinse, auquel le poème est dédié : *Wozu Dichter in dürftiger Zeit ?* « À quoi bon des poètes en temps de détresse ? » – vers dont Heidegger fera le leitmotiv du discours qu'il prononce en 1946 à l'occasion du vingtième anniversaire de la mort de Rilke[3]. Les poètes du temps de la détresse, de cette nuit du monde qui est pourtant aussi une nuit sacrée – car le retrait du divin est encore une manière pour le divin de régner – « apportent aux mortels la trace des dieux enfuis dans l'opacité de la nuit du monde »[4]. Car l'éloignement des dieux qui est au principe de ce « défaut des noms sacrés » – *Es fehlen heiligen Namen*, dit la dernière strophe de *Heimkunft*,

1. Hölderlin ajoute en effet en note à la fin de « De la religion » : « Le mythe lyrique reste encore à définir ».
2. Cf. *Les Hymnes de Hölderlin, op. cit.*, p. 277, note du traducteur. Comment traduire *innig* et *Innigkeit* ? Les deux traducteurs du volume 39 ont choisi des solutions différentes : Julien Hervier propose « recueilli » et « recueillement », François Fédier, qui s'explique longuement sur son choix, « tendre » et « tendresse ». J'ai préféré pour ma part « intense » et « intensité », mot de même racine que « tendre ». L'idée maîtresse est ici celle de la non-extériorité des « parties » du « tout » et c'est pourquoi on peut *aussi* comprendre l'*Innigkeit* à partir de son sens habituel d'« intimité ».
3. Cf. « Wozu Dichter ? » in *Holzwege*, Klostermann, Frankfurt am Main, 1963, pp. 248-295.
4. *Ibid.*, p. 294, trad. in *Chemins qui ne mènent nulle part*, Paris, Gallimard, 1962, p. 261.

« Retour », élégie écrite en 1801 au moment où Hölderlin rentre de Suisse en Allemagne –, qu'il ne s'agit pas de comprendre comme un simple « manque », doit être enduré « sans crainte » et sans la « ruse » qui invente de faux dieux, jusqu'à ce « qu'aide le défaut du dieu »[1] et que le danger se retourne en salut, comme le dit la dernière version de *Patmos*, hymne composé durant l'hiver 1801-1802 et qui commence par ses mots :

> *Nah ist*
> *Und schwer zu fassen der Gott,*
> *Wo aber Gefahr ist, wächst*
> *Das Rettende auch.*
>
> Proche est
> Et difficile à saisir le dieu,
> Mais là où est le péril croît
> Aussi ce qui sauve.

Tant que la réalité est vécue dans toute son *intensité*, c'est-à-dire comme *Innigkeit* – et Hölderlin, rappelle Heidegger dans son cours de 1933-1934, nomme les Grecs *das innige Volk*, le peuple « intense » dans « Archipel », son grand poème sur le *Dasein* des Grecs[2] – il n'est pas en effet besoin de poète, car l'activité poétique de l'homme se confond avec l'événement de la totalité de sa vie. C'est lorsque se défait ce que Hölderlin dans le grand essai de Hombourg qu'on a intitulé « La démarche de l'esprit poétique » nomme « l'harmoniquement opposé », l'ajointement du ciel et de la terre, qu'il est besoin que la parole du poète dise *das Heilige*, c'est-à-dire non point tant le « sacré », terme qui n'a de sens que dans son opposition au profane, mais l'indemne, l'intègre, le sauf. Le mot *heilig* en allemand renvoie en effet au verbe *heilen*, qui signifie guérir et a la même racine que l'anglais

1. Cf. Le poème déjà cité « Vocation de poète » dont la dernière strophe dit :

> Mais sans crainte demeure, ainsi qu'il le doit, l'homme
> Seul devant dieu ; lui la simplicité le protège
> Et nulle arme n'est d'usage et nulle
> Ruse, jusqu'à ce qu'aide le défaut du dieu.

Cf. *Approches de Hölderlin, op. cit.*, p. 35 (traduction de M. Deguy légèrement modifiée).

2. Cf. *Hölderlins Hymnen, op. cit.*, pp. 118 ; 249 ; trad. fr. pp. 116 ; 230.

whole, entier, au sens de ce qui est non pas isolé dans une autarcie qui le délivrerait de tout lien, celle d'un absolu complet par lui-même et ainsi *absolutus*, complètement détaché car sans reste, mais au contraire entièrement et vivacement en rapport avec tout[1]. C'est en ce sens que l'on trouve dans *Wie wenn am Feiertage*, « Tout comme au jour de fête », hymne pindarique un peu antérieur à l'hiver 1800 pendant lequel fut composé « Archipel », ces vers par lesquels le poète s'exhorte à dire le mot où se marque que l'unité vient de reparaître et que le jour continue de luire au sein même de la plus profonde nuit :

> *Jetzt aber tagts ! Ich harrt und sah es kommen,*
> *Und was ich sah, das Heilige sei mein Wort.*
>
> Mais voici le jour ! Je l'espérais, le vis venir
> Et que ce que je vis, que le sauf soit ma parole.

☆

C'est à partir d'une telle lecture de Hölderlin qu'il s'agirait de se demander pourquoi Heidegger en 1934, après sa démission du rectorat et au sortir de son double échec politique et universitaire, décide de se tourner vers Hölderlin et vers sa poésie. De cette nécessaire lecture de Hölderlin, on n'a pu n'indiquer ici que les premiers jalons : il faudrait la compléter par l'analyse des grands poèmes de la période 1800-1806, dont seuls quelques vers ont été cités plus haut, par la lecture attentive des autres essais « philosophiques » de Hölderlin, « La démarche de l'esprit poétique » et « Le devenir dans le périr » écrits au tournant du siècle, ainsi que de celle des admirables « Remarques sur les tragédies de Sophocle » rédigées en 1803, au moment même où le poète s'enfonce dans la nuit de sa soi-disant « folie ». Car, comme Heidegger l'a constamment laissé entendre de 1934 jusqu'à sa mort en 1976, une telle lecture non seulement demeure encore largement devant nous, mais elle peut aussi décider de notre avenir. Il s'agit là, il est vrai, d'une espérance ou d'une croyance qui demeure

1. Cf. *Hölderlins Hymnen, op. cit.*, trad. p. 9, note préliminaire des traducteurs.

un vœu pieux tant qu'une telle lecture n'aura pas été *intégralement* produite[1] et Heidegger lui-même n'a jamais considéré ses propres « *Erläuterungen* », ses propres tentatives d'éclaircissement de la poésie d'Hölderlin, comme autre chose que comme ce chemin qui mène à la pure présence du poème et qui s'efface devant celle-ci. Il écrivait en effet en 1951 en préface au volume où sont réunis quatre conférences consacrées à Hölderlin qui furent prononcées entre 1936 et 1943 : « Quoi que puisse ou ne puisse pas un éclaircissement, ceci vaut toujours à son propos : afin que ce qui dans le poème est purement poématisé soit là quelque peu plus clairement, le discours de l'éclaircissement et sa tentative doivent chaque fois se briser. Pour l'amour de ce qui vient en poème, l'éclaircissement doit viser à se rendre lui-même superflu. Le dernier pas, mais le plus difficile, de toute interprétation consiste à disparaître devant la pure présence du poème. Le poème se tenant alors sous son propre statut apporte de lui-même immédiatement une lumière aux autres poèmes »[2].

C'est ce dernier pas, qui est aussi le plus difficile, que devrait accomplir cette lecture de Hölderlin évoquée plus haut, lecture qui ne

1. Au lieu de s'indigner tantôt de la « sacralisation » de Hölderlin par Heidegger, tantôt de l'arbitraire et de la violence de l'interprétation heideggérienne de la poésie hölderlinienne, on ferait mieux de tenter réellement de mettre à l'épreuve une telle interprétation, ce qui exige effectivement une lecture *intégrale* de Hölderlin, pas seulement de sa poésie, ni de ses essais poétologiques, mais aussi de ses essais proprement philosophiques (et cela *contre* le verdict de Heidegger lui-même qui tend à les considérer comme relevant encore de l'idéalisme spéculatif, alors qu'ils ne sont rien d'autre que la formulation « théorique » de l'expérience poétique de Hölderlin). On ne voit guère, sauf en Allemagne, une telle exigence se concrétiser, même parmi ceux pour qui « il paraît urgent aujourd'hui d'interroger (et de déchiffrer) [...] le Hölderlin théoricien et dramaturge » (Ph. Lacoue-Labarthe, *L'imitation des modernes*, Paris, Galilée, 1986, p. 41). Une telle lecture pourrait montrer le caractère foncièrement « *hyper-ionien* » de *tous* les textes hölderliniens, et non pas seulement de ceux de la dernière période. Hypérion est en effet la figure du passeur de frontière, de celui qui va au-delà et à plusieurs reprises « devient » en « périssant » : fils d'Ouranos et père d'Hélios, il incarne la figure titanesque de la temporalité époquale, plus « vieille » que les dieux eux-mêmes qui n'apparaissent et ne se retirent que dans sa lumière. On ne trouve donc pas seulement chez Hölderlin une pensée de l'être et de la totalité – cette pensée qui commande, selon Rosenzweig, toute la philosophie « d'Ionie à Iéna » – mais aussi et surtout une pensée du temps et de l'histoire.
2. *Approches de Hölderlin, op. cit.*, p. 8.

devrait rien importer d'ailleurs dans la poésie et la pensée de Hölderlin, ne la surcharger d'aucune de nos arrière-pensées, ne la soumettre à aucun procès d'intention et la laisser être purement ce qu'elle est : parole agissante, *poïèsis* au sens plein.

Peut-être nous serait-il alors possible d'entrevoir que le recours à la poésie d'Hölderlin en 1934 n'a pas constitué pour Heidegger une évasion de la dure réalité vers le domaine de cette occupation « inoffensive » que semble être le jeu poétique et que ce n'est pas pour échapper à la politique que Heidegger aurait cherché un refuge dans l'esthétique. Car si, comme Philippe Lacoue-Labarthe l'a montré dans *La fiction du politique*, le nazisme relève bien de ce qu'il nomme « l'esthétisation de la politique »[1], ce que Heidegger a cherché et trouvé

1. *La fiction du politique*, Paris, Bourgois, 1987. Bien que Philippe Lacoue-Labarthe affirme, pour répondre à certaines objections qui lui ont été faites, que s'il croit possible de déceler un national-esthétisme sous le national-socialisme, il n'impute nullement un tel national-esthétisme à Heidegger, lequel est justement le premier (j'ajouterai ici, comme Ph. Lacoue-Labarthe le souligne aussi ailleurs : après Hölderlin) à s'attaquer à l'esthétique (*op. cit.*, p. 147), il semble pourtant qu'il ait compris dans une certaine mesure la tentative hölderlinienne et heideggérienne comme encore interne à un tel national-esthétisme : voir par exemple p. 83 où le national-esthétisme est attribué à Heidegger lui-même et p. 148, où parlant de la « stratégie » complexe de Heidegger à l'égard du commencement grec, il ajoute dans une parenthèse : « mais je ne crois pas néanmoins qu'elle parvienne à se soustraire à la logique mimétique ». En fait, il est strictement impossible de parler, à propos de Hölderlin comme de Heidegger, de national-*esthétisme*, mais bien au contraire, si un tel terme est possible, de national-*poïètisme* : en ce qui concerne Hölderlin, il suffit pour s'en convaincre de lire l'essai « Le devenir dans le périr » datant de l'été 1799 (contemporain du « Fondement d'Empédocle » cité par Lacoue-Labarthe, p. 129) et dont le premier mot est celui de *Vaterland*. Dans cet essai en effet, Hölderlin montre que l'être est en son fond poésie et art et que ce dernier ne s'ajoute pas à la réalité pour l'élever à un niveau supérieur, mais que ce processus d'élévation est « immanent » à la réalité elle-même, laquelle est toujours « singulière » en même temps qu'« idéale », selon le paradigme constamment invoqué par Hölderlin, celui de la *Sprache*, de la parole. Quant à la « répétition » idéale de la réalité, si elle est encore pensée à l'aide du concept kantien de *Nachahmung*, elle n'a – pas plus que chez Heidegger – un sens « rétrospectif », mais bien « prospectif ». C'est ce caractère « adventif » de la répétition que Heidegger a mis en lumière dans les années trente sous les termes d'*Anfang* et de *Ursprung*. Peut-on alors dire que Heidegger, ce lecteur d'Aristote autant de que de Platon, est demeuré « à son insu prisonnier d'une mimétologie au fond plus traditionnelle, c'est-à-dire platonicienne : celle qui rapporte la *technè* à la fiction » (p. 131) ou bien ne faut-il pas au contraire se demander si, dans cette perspective, le statut « phénoménologique » de la fiction et de l'image – chez Aristote, mais aussi chez Kant et Husserl – a été suffisamment interrogé ?

chez Hölderlin, qu'il ne faudrait à cet égard ne confondre ni avec Schiller, ni avec Schlegel, ni avec aucun autre des post-kantiens, c'est plutôt ce qu'il faudrait appeler, au sens fort, une *poïétisation* qui, de la même manière que le jeu est diamétralement opposé dans ses effets à l'action poétique, va *en sens inverse* de l'esthétisation fasciste de la politique.

C'est pourquoi il serait maintenant nécessaire de relire sans leur surimposer aucun présupposé idéologique les textes que Heidegger a consacrés en 1935 et 1936 à « L'origine de l'œuvre d'art », *Die Ursprung des Kunstwerkes*, textes qui portent la marque hölderlinienne en ceci que l'art et singulièrement la poésie, *Dichtung*, qui apparaît comme constituant l'essence de tout art, y est pensé comme origine, *Ur-sprung*, mot que l'idiome allemand comprend comme saut originaire ou saut dans l'origine. On ne peut ici que tenter de donner quelques indications à ce sujet à partir de certains passages de la conférence intitulée *Vom Ursprung des Kunstwerkes*, « De l'origine de l'œuvre d'art », prononcée à Fribourg le 19 novembre 1935, qui précède donc d'un an les trois conférences prononcées à Francfort les 17 et 24 novembre et le 4 décembre 1936, dont le texte a été publié dans *Holzwege, Chemins qui ne mènent nulle part*, en 1950. Le texte de cette première conférence, qui a été publié et traduit hors commerce par Emmanuel Martineau en 1987[1], fut lui-même précédé par une esquisse datant de la même année, qui a été éditée par la suite en allemand[2].

Dans ce texte, l'art est défini comme une « mise-en-œuvre de la vérité », comme une manière qu'a la vérité d'advenir, et non pas métaphysiquement comme apparence ou comme jeu. *Schein* ou *Spiel* : ce sont là en effet les termes mêmes qui chez Schiller nomment encore le règne intermédiaire de l'art qui devrait triompher de la distinction métaphysique entre le sensible et le suprasensible. Si dans l'art la vérité devient *pour la première fois*, cela implique qu'elle n'est

1. M. Heidegger, *De l'origine de l'œuvre d'art*, première version inédite (1935), texte allemand inédit et traduction française par E. Martineau, édition bilingue, Authentica, 1987.
2. M. Heidegger, « Vom Ursprung des Kunstwerkes : Erste Ausarbeitung », *Heidegger Studies, Heidegger Studien, Études Heideggériennes*, Duncker & Humblot, Berlin, n° 5, 1989, pp. 5-22. Voir à ce sujet « Art et vérité chez Heidegger ».

pas déjà donnée quelque part pour être par la suite transportée dans une œuvre fabriquée dont on dira alors qu'elle représente une idée ou une pensée, qu'elle est la présentation sensible d'un intelligible, mais que c'est l'art et lui seul qui est le devenir de la vérité[1]. Or ce devenir de la vérité dans l'art et comme art ne peut lui-même être compris qu'à partir de la force inhérente au projet poétique, *die Kraft des dichtenden Entwurfs*, qui est à l'origine de l'art lui-même. Mais si Heidegger déclare bien que « l'art en tant que mise-en-œuvre de la vérité est essentiellement poésie (*Dichtung*) », cela ne signifie pourtant nullement que l'art poétique en tant qu'art de la parole soit le fondement auquel tous les autres arts devraient être ramenés comme au genre fondamental dont ils ne constitueraient que les sous-espèces. À cet égard, le texte de 1936 sera plus clair encore en précisant que la *Dichtung*, en tant qu'essence de l'art, ne se confond nullement avec la *Poesie,* art particulier, même si on doit reconnaître à ce dernier une position insigne dans l'ensemble des arts[2]. Car cette position insigne ne lui vient à son tour que de la présence en lui de la parole (*Sprache*) par laquelle advient *initialement* l'ouverture de l'étant *en tant* qu'étant, ce que dit clairement la conférence de 1935 : « Là où il n'y a aucune parole, chez la pierre, la plante, l'animal, là il n'y a non plus aucun être-ouvert de l'étant, ni par suite du non-étant ou du vide. C'est seulement dans la mesure où la parole nomme pour la première fois les choses qu'un tel nommer porte l'étant au mot et à l'apparaître. *Ce* nommer et *ce* dire est un projeter où est pré-dit (*angesagt*) ce en tant que quoi l'étant est ouvert »[3]. C'est dans une telle ouverture de l'étant

1. *De l'origine de l'œuvre d'art, op. cit.*, p. 38 : « C'est dans l'art que la vérité *devient* pour la première fois. Celle-ci n'"est" pas présente quelque part pour ensuite être transplantée dans une œuvre confectionnée dont on dit alors qu'elle (re)présente une idée ou une pensée – mais : l'art est un *devenir* de la vérité [...]. La *vérité* ne peut *jamais* être tirée de ce qui est déjà présent. » Il est vrai que, déjà dans la version de 1935, Heidegger mentionne, à côté de l'art, deux autres manières pour la vérité d'advenir, le questionnement et le dire du penseur et l'acte du fondateur d'état, et qu'il y insiste sur le caractère unique de chaque origine, l'œuvre, le concept et l'acte étant essentiellement différents. Mais cela n'implique pas que la vérité puisse advenir en dehors de l'art, mais bien au contraire qu'elle advienne toujours *aussi* comme art et comme œuvre (*op. cit.*, p. 44).
2. *Holzwege, op. cit.*, p. 61.
3. *De l'origine de l'œuvre d'art, op. cit.*, pp. 39-41 (traduction légèrement modifiée).

qui n'advient qu'avec la parole que prennent place les autres arts qui demeurent sous sa direction de même que l'œuvre de parole – l'art poétique au sens strict – qui est cependant l'œuvre d'art la plus originelle parce qu'en elle advient de façon spécifique l'ouverture de l'étant dans la parole[1].

L'art n'est donc une origine, *Ursprung*, que parce qu'il est en son essence poésie, *Dichtung*. Et c'est là ce qui rend l'art nécessaire : « Il faut que soit un advenir de la vérité *selon la modalité de l'art, il faut qu'une œuvre soit* »[2]. La nécessité de l'art provient de ce qu'il fait « jaillir » (*erspringen*) la vérité, car ce que signifie le mot *Ursprung*, origine, c'est précisément un tel jaillissement : « Faire jaillir quelque chose, le porter dans le saut instaurateur pour la première fois au dire, voilà ce que signifie le terme *Ur-sprung* »[3]. C'est parce que l'art est une telle origine, *Ur-sprung*, qu'il est aussi le commencement, *Anfang*, de l'histoire qui est toujours d'abord histoire singulière d'un peuple avant d'être histoire universelle de toute l'humanité : « Le créer ne se produit que dans la solitude d'une unicité singulière. Par elle la vérité du *Dasein* historial d'un peuple est décidée »[4]. Commencer et créer ne signifient cependant pas « constituer » l'origine, mais bien plutôt « sauter » en elle (*das Einspringen in den Ursprung*). L'« instauration » de la vérité renvoie en effet à la *passivité* d'un devenir et non pas à l'activité d'un « sujet » déjà constitué dont elle serait l'expression. La « mise-en-œuvre » de la vérité ne peut nullement être comprise comme un « faire » ou un « produire » à la lumière de ce « volontarisme » que l'on se plaît à reconnaître dans les textes heideggériens du début des années trente. Ou alors il faut préciser que l'on ne peut jamais « vouloir » que sa propre *Geworfenheit*,

1. *De l'origine de l'œuvre d'art, op. cit.* L'art poétique est plus proche de l'origine que les autres arts, mais ces derniers ne dérivent nullement de lui, ils sont des modes propres du *Dichten* et non pas des modes de la *Poesie*. Heidegger reconduit ici le privilège reconnu à la poésie dans l'esthétique (kantienne et hegélienne) sans cependant souscrire à la hiérarchie qu'il impliquait en celle-ci. On a ici un exemple de cet étrange mode de pensée qui chez Heidegger conduit à faire l'épreuve d'une « supériorité » et d'une « infériorité » *non* hiérarchiques. Il en va de même du rapport de l'authenticité (*Eigentlichkeit*) et de l'inauthenticité (*Uneigentlichkeit*).
2. *Ibid.*, p. 43.
3. *Ibid.*
4. *Ibid.*, p. 48.

que son propre être-jeté, et que la *poïèsis* consiste à laisser-apparaître ce qui est déjà advenu de manière inaperçue dans la langue, qui est *toujours* une langue singulière. Cette unicité et cette singularité de la mise en œuvre de la vérité, c'est ce qui constitue son caractère *terrestre*. Le projet « poétique », c'est la « passion » de la singularité, de la propriété la plus propre, qui ne peut advenir que comme ouverture d'un avenir.

L'origine, comme la parole, est toujours singulière et donc toujours multiple : elle connaît la même irréductible diversité que celle que Humboldt le premier a su reconnaître dans les langues[1]. Mais pas plus que la langue n'est l'expression de la pensée et la publication après coup de ce qui a été pensé, l'origine en tant qu'art n'est l'expression de ce qu'est un peuple, ni la publication après coup de sa décision d'être un peuple, mais « le saut en avant (*Vorsprung*) qui fait signe vers cela même que le peuple veut être »[2].

Voir la poésie comme une origine, la parole comme un commencement, c'est donc toujours se tourner vers l'ouverture d'un avenir et non faire retour à un passé qu'il s'agirait de maintenir, de conserver, de « répéter », dans le style de la « révolution conservatrice » qu'ont promue le nazisme et le fascisme.

1. Humboldt, pour qui chaque langue singulière est constituante du monde « objectif » dans lequel vit une nation-individu, reconnaît comme Hölderlin lui-même l'ouverture de toute langue singulière sur toutes les autres. Car de même que pour Hölderlin la sphère finie contient en elle l'infini et que « le monde de tous les mondes est en tous », comme il le dit dans « Le devenir dans le périr », de même pour Humboldt la forme spirituelle individualisée dans une langue est toujours en relation avec une totalité idéale, ce qui implique que l'individualité gagne en compréhension dans la mesure où elle s'ouvre à la médiation d'autrui, c'est-à-dire se rapproche asymptotiquement de l'humanité.
2. *De l'origine, op. cit.*, p. 48.

Rencontre de René Char et de Martin Heidegger

René Char et Martin Heidegger furent amis. Si l'on ne s'étonne guère que le philosophe, qui a célébré le voisinage de la poésie et de la pensée, ait manifesté le désir de rencontrer un grand poète vivant, on a pu trouver étrange et même choquant que le grand résistant que fut aussi ce poète accepte de dialoguer avec un penseur qui s'est compromis avec le nazisme. Que René Char ait pu refuser d'identifier Heidegger à ce que celui-ci nomme son « erreur » de 1933-1934 et qui nous apparaît plutôt avec le recul du temps comme une faute difficilement pardonnable, qu'il ait pu considérer que la pensée de Heidegger n'avait, en ce qui la constitue essentiellement, rien à voir avec le nazisme, voilà ce que ceux qui s'érigent aujourd'hui à bon marché en procureurs – car enfin que peuvent-ils savoir des décisions qu'exigent les temps de dictature et de guerre ? – ne peuvent ni comprendre ni tolérer. Comment ne pas voir pourtant que la liberté d'esprit, à l'opposé du ressentiment haineux, ne se conquiert que par l'engagement de tout l'être, que par l'affrontement du danger et de la mort, et qu'il est pour le moins malséant, quand on n'a pas soi-même payé ce prix, de s'ériger en donneur de leçons. Seul le résistant authentique que fut René Char pouvait choisir en toute liberté de rencontrer le penseur Martin Heidegger sans avoir à payer son dû à la mauvaise conscience qui, sous couvert de moralité, a servi d'alibi à tant d'autres pour refuser d'affronter la pensée heideggérienne en elle-même. Mais la liberté du dialogue n'a rien à voir avec je ne sais quelle « caution » donnée par un ancien résistant à un ancien nazi en vue de « blanchir » celui-ci, non seulement parce que – on le lui reproche d'ailleurs assez – Heidegger, en s'enfonçant dans un silence tenace, n'a jamais de son vivant cherché à se justifier après coup, mais aussi parce qu'il suffit d'avoir prêté quelque peu l'oreille à la voix de René Char pour le savoir incapable d'un tel calcul et d'un tel asservissement à ce que Heidegger nomme la « dictature de la publicité »[1] – dictature aujourd'hui plus que jamais omniprésente et à laquelle nos vertueux donneurs de leçons ne font que payer leur tribut. La rencontre de René Char et de Martin Heidegger, celle d'un poète résistant par vocation et d'un penseur qui, en suivant sa pensée, a été conduit à se salir les mains, ne peut pour nous que garder son caractère énigmatique et demeurer à certains égards incompréhensible. C'est justement parce que c'est une rencontre déconcertante qu'il nous faut tenter d'apercevoir la constellation d'abord invisible que forme ce que Nietzsche nommait si justement « amitié stellaire » qui unit au niveau des étoiles ceux qui peuvent demeurer sur terre des ennemis[2]. Cette constellation qui rapproche une poésie souvent pensante d'une pensée qui emprunte parfois la forme du poème ne peut pourtant être découverte que si nous sommes capables de nous ouvrir, hors de tout esprit d'inquisition malveillante, à ce que le poète et le penseur, diversement, nous disent. Car, comme le rappelle Heidegger, si tous deux « se ressemblent dans le soin donné à la parole, ils sont en même temps dans leur essence séparés tous deux par la plus grande distance » et, comme le dit Hölderlin, ils « habitent proches sur les monts les plus séparés »[3].

Peut-on en effet sérieusement envisager que la tâche du penseur puisse jamais consister à porter à la clarté du concept le dire poétique ? Ne doit-on pas plutôt au contraire, au sein de ce dialogue qui

1. M. Heidegger, *Lettre sur l'humanisme,* in *Questions III*, Paris, Gallimard, 1966, p. 80.
2. F. Nietzsche, *Le Gai Savoir*, § 279.
3. M. Heidegger, Postface de 1943 à « Qu'est-ce que la métaphysique ? », *Questions I*, Paris, Gallimard, 1968, pp. 83-84.

peut rapprocher poètes et penseurs, laisser résonner la parole du poète sans tenter d'en donner une interprétation ? René Char a répondu affirmativement à cette question dans un texte qu'il a consacré en 1956 à Rimbaud, dans lequel il affirme que « l'observation et les commentaires d'un poème peuvent être profonds, singuliers, brillants ou vraisemblables, ils ne peuvent éviter de réduire à une signification et à un projet un phénomène qui n'a d'autre raison que d'*être* »[1]. Et René Char de citer Rimbaud lui-même affirmant : *« J'ai voulu dire ce que ça dit, littéralement et dans tous les sens »*[2].

C'est en effet un abîme qui sépare la parole poétique et les vaines tentatives des exégètes et des philosophes pour donner à sa signification une forme conceptuelle. Et pourtant le commentaire est nécessaire, non pas en tant que transposition d'une parole énigmatique en pensées claires et distinctes, mais en tant que tentative d'éclaircissement et mode d'approche du poème, afin que celui-ci devienne audible pour nous *en tant que poème*. Ce sont de tels éclaircissements, qui « pour l'amour de ce qui vient en poème » doivent « viser à se rendre eux-mêmes superflus » et dont « le dernier pas, mais aussi le plus difficile, consiste à disparaître devant la pure présence du poème »[3], que Heidegger a consacrés à la poésie de Hölderlin, comme le savait bien René Char. Tout comme Heidegger explique que pour que « ce qui dans le poème est purement poématisé soit là quelque peu plus clairement, le discours de l'éclaircissement et sa tentative doivent chaque fois se briser »[4], René Char déclare, à son tour, que le poème de Rimbaud « s'il fascine et provoque le commentaire ; il le brise aussitôt ; quel qu'il soit »[5]. Il ne s'agit donc pas ici, en mettant en évidence l'étroite proximité du penseur et du poète, d'*expliquer* la poésie de René Char, mais simplement d'en *préparer* l'écoute.

☆

1. R. Char, *Œuvres complètes*, Paris, Gallimard, Pléiade, 1983, p. 729.
2. *Ibid.*
3. M. Heidegger, Approche de Hölderlin, Paris, Gallimard, 1973, p. 8.
4. *Ibid.*
5. R. Char, *Œuvres complètes, op. cit.*, p. 729.

René Char et Martin Heidegger se sont pour la première fois rencontrés sous les branches d'un marronnier de Ménilmontant, lors du premier voyage en France de Heidegger en 1955[1]. Mais c'est dans la lumière méridionale, au Thor, où, invité par le poète, il fit trois séjours prolongés en 1966, 1968 et 1969, que Heidegger eut l'occasion d'engager un dialogue avec René Char. De ce village proche de l'Isle sur la Sorgue, où René Char est né et a vécu, voici ce que dit le poème, écrit en 1947, qui porte le même nom :

> L'air ouvrait aux hôtes de la matinée sa turbulente immensité. Ce n'étaient que filaments d'ailes, tentation de crier, voltige entre lumière et transparence. Le Thor s'exaltait sur la lyre des pierres. Le Mont Ventoux, miroir des aigles, était en vue[2].

François Fédier qui, avec d'autres, a assisté à ces rencontres au cours desquelles Heidegger tint trois séminaires[3], dépeint l'émerveillement de celui-ci devant l'été provençal et la joie que prenait le poète à faire découvrir à son hôte le pays où il habitait[4]. C'est la chanson « La Sorgue » dans *La fontaine narrative*, un recueil de poèmes datant lui aussi de 1947, qui évoque peut-être le mieux ce que fut le monde originaire de René Char, un monde qui a son centre mouvant dans la rivière et ses limites dans le ciel de feu :

> Rivière trop tôt partie, d'une traite, sans compagnon
> Donne aux enfants de mon pays le visage de ta passion.
>
> Rivière où l'éclair finit et où commence ma maison,
> Qui roule aux marches d'oubli la rocaille de ma raison.
>
> Rivière au cœur jamais détruit dans ce monde fou de prison,
> Garde-nous violent et ami des abeilles de l'horizon.[5]

René Char est sans doute, de tous les poètes français, celui qui est le plus proche de la nature, des éléments, du *cosmos*. L'homme

1. J. Beaufret, « L'entretien sous le marronnier » in L'Arc, René Char, Aix-en-Provence, n° 22, 1963. pp. 1-7.
2. R. Char, *Œuvres complètes, op. cit.*, p. 239.
3. Voir « Les séminaires du Thor » in *Questions IV*, Gallimard, 1976, pp. 195-306.
4. Cf. F. Fédier, « Andenken », in *Erinnerung an Martin Heidegger*, Neske. 1977, pp. 82-83.
5. R. Char, *Œuvres complètes, op. cit.*, p. 274.

dont il parle est l'homme primitif, l'homme de Lascaux, de cet « âge du renne » qui est aussi « l'âge du souffle »[1], un homme qui est directement issu de la terre, de cette terre dont il dit dans un de ses derniers recueils, qu'elle « n'en finissait pas d'hésiter sur le prochain destin des hommes »[2], alors qu'autrefois, le poète s'en souvient dans un poème écrit en l'année qui marque le début de la guerre, « la terre nous aimait un peu »[3], parce qu'alors terre et ciel pouvaient encore dans leur différence former un vrai monde. C'est ce qui était dit aussi dans *Le poème pulvérisé*, un recueil qui est l'expression de l'esprit d'après guerre :

> Jadis, l'herbe avait établi que la nuit vaut moins que son pouvoir, que les sources ne compliquent pas à plaisir leur parcours, que la graine qui s'agenouille est déjà à demi dans le bec de l'oiseau. Jadis terre et ciel se haïssaient, mais terre et ciel vivaient[4].

Certes, « l'homme n'est qu'une fleur de l'air tenue par la terre, maudite par les astres, respirée par la mort »[5]. Pourtant le caractère éphémère de son existence n'est pas ce qui lui interdit l'accès à l'éternel, mais précisément au contraire ce qui le rend possible, parce que la véritable éternité n'est pas à chercher hors du temps, mais à l'intérieur du temps lui-même : « Si nous habitons un éclair, il est le cœur de l'éternel »[6], affirme René Char dans *Le poème pulvérisé*, dont il explique quelques années plus tard qu'il est pulvérisé « parce qu'au terme de son voyage vers le Pays, après l'obscurité pré-natale et la dureté terrestre, la finitude du poème est lumière, apport de l'être à la vie[7].

☆

1. R. Char, *Œuvres complètes, op. cit.*, p. 352. Quatre courts poèmes de *La Parole en Archipel* (1952-1960) sont réunis ici sous le titre de « Lascaux ».
2. Cf. R. Char, *Les voisinages de Van Gogh*, Paris, Gallimard, 1985.
3. Cf. « Évadné », dans *Fureur et mystère, Œuvres complètes, op. cit.*, p. 153.
4. *Ibid.*, p. 258.
5. *Ibid.*, p. 381 (« La bibliothèque est en feu », 1956).
6. *Ibid.*, p. 266.
7. *Ibid.*, p. 378.

Nul doute que Heidegger, comme déjà Hölderlin avant lui[1], ait été capable d'entrevoir, dans les paysages de cette France du midi et dans les hommes qui la peuplent, comme un rappel de ce que fut la Grèce, que Heidegger n'a longtemps connue qu'à travers les textes des poètes et des philosophes et qu'il découvrit seulement en 1962, lors d'un premier voyage qui le mena par bateau de Venise à Athènes et à Delphes. À son retour, il écrira à un ami allemand, le poète Erhart Kästner : « Cette mer, ces montagnes, ces îles, ce ciel – qu'ici et ici seulement l'*A-lètheia* ait dû et ait pu se lever et les dieux séjourner à l'abri de sa lumière, qu'ici l'être ait régné comme présence et ait fondé l'habitation de l'homme, cela est pour moi aujourd'hui plus digne d'étonnement et plus inconcevable que jamais. »[2] Comment ne pas penser ici à ce que René Char dit lui-même de la Grèce, telle qu'elle se présente à lui à travers les paysages de cette nouvelle Grèce qu'est la Provence :

> L'Hellade, c'est le rivage déployé d'une mer géniale d'où s'élancèrent à l'aurore le souffle de la connaissance et le magnétisme de l'intelligence, gonflant d'égale fertilité des pouvoirs qui semblèrent perpétuels ; c'est plus loin, une mappemonde d'étranges montagnes : une chaîne de volcans sourit à la magie des héros, à la tendresse serpentine des déesses, guide le vol nuptial de l'homme, libre enfin de se savoir et de périr oiseau ; c'est la réponse à tout, même à l'usure de la naissance, même aux détours du labyrinthe.[3]

La Grèce, c'est donc pour Heidegger comme pour Char le séjour de l'homme et des dieux, des dieux multiples qui se donnent à voir dans leur présence certes fugitive mais qui reste cependant totalement immanente au monde des mortels : « Des dieux intermittents parcourent notre amalgame mortel, mais ne s'élancent pas au-dehors. Là ne se bornerait pas leur aventure si nous ne les tenions pour divins. »[4]

1. Cf. Hölderlin, Lettre à Böhlendorff de novembre 1802, in *Œuvres*, Gallimard, Pléiade, 1967, p. 1009 : « L'aspect athlétique des Méridionaux, au milieu des vestiges de l'esprit antique, m'a familiarisé davantage avec la véritable nature des Grecs ».
2. M. Heidegger/Erhart Kästner, *Briefwechsel*, Insel, Francfurt am Main, 1986, p. 51.
3. R. Char, *Œuvres complètes, op. cit.*, p. 253.
4. *Ibid.*, p. 494.

Si la Provence est bien la terre du retour des dieux[1], c'est parce qu'elle peut à nouveau être cette contrée où s'ouvre l'espace du dialogue entre les hommes et les dieux, dialogue sans lequel il n'est pas de vie proprement humaine. Ces dieux dépourvus de transcendance, bien que n'étant pas « à l'extérieur de nous »[2], ne se confondent pourtant nullement avec nous-mêmes : « Supprimer l'éloignement tue. Les dieux ne meurent que d'être parmi nous »[3]. S'ils sont néanmoins l'« expression la moins opaque de nous-mêmes »[4], c'est parce qu'ils sont « notre part d'éloignement », ce qui fait que « nous ne sommes qu'en différence »[5]. Car c'est « la nature tragique, intercalaire, saccageuse, comme en suspens des humains »[6], en un mot l'inachèvement constitutif de l'homme, que Nietzsche nommait lui aussi « l'animal non encore déterminé »[7] qui ouvre en son cœur l'être humain à ce qu'il n'est pas : « N'étant jamais définitivement modelé, l'homme est receleur de son contraire. »[8]

Or le fragment 119 d'Héraclite, *êthos anthropô daimôn*, selon l'interprétation que Heidegger en donne en 1946 à Jean Beaufret, ne veut pas dire autre chose : « Le séjour (accoutumé) est pour l'homme le domaine ouvert à la présence du dieu (de l'insolite) »[9]. L'être de l'homme, mortel, parce qu'il n'est qu'en différence et qu'il est ainsi de naissance ouvert à l'autre, est ce qu'il n'est pas, immortel. On a non seulement ici un exemple privilégié de ce que Char nomme « l'exaltante alliance des contraires »[10], dans laquelle il voit la pensée la plus profonde d'Héraclite, mais aussi une conception tragique de l'homme (celle même de Hölderlin) qui, parce qu'elle voit dans la finitude de l'homme la condition de son ouverture à ce qui est immortel, est au plus proche de ce que Heidegger pense sous le nom de *Dasein*. Ce qui

1. R. Char, *Œuvres complètes, op. cit.*, p. 386 : « Les dieux sont de retour ».
2. *Ibid.*, p. 520.
3. *Ibid.*, p. 767.
4. *Ibid.*, p. 509.
5. *Ibid.*, p. 594.
6. *Ibid.*, p. 467.
7. Cité par Heidegger dans *Qu'appelle-t-on penser ?*, Paris, PUF, 1959, pp. 53 sq.
8. *Ibid.*, p. 188.
9. *Lettre sur l'humanisme, op. cit.*, p. 141.
10. R. Char, *Œuvres complètes, op. cit.*, p. 159.

constitue en effet l'être de l'homme, c'est son être-pour-la-mort, ce que Char comme Heidegger penseront non comme une limite mais comme une *capacité*, voyant ainsi tous deux dans la mort la possibilité la plus propre d'un être voué au monde. À Heidegger qui affirme dans « Bâtir habiter penser », une conférence prononcée en 1951 : « Les mortels sont les hommes. On les appelle mortels parce qu'ils peuvent mourir. Mourir veut dire : être capable de la mort en tant que la mort »[1], fait en effet écho René Char : « Chaque fois que je lève les yeux au ciel, la nausée écroule ma mâchoire [...]. Je ne suis plus *capable* de mourir... »[2]

☆

L'existence humaine est, comme le poème, un retour à l'origine, une habitation de la finitude, et c'est précisément en établissant son séjour dans la dure obscurité du terrestre, et non par une évasion hors de la prison de la condition humaine, que l'homme peut trouver la lumière. Ce qui rapproche donc le poète et le penseur, c'est cette commune référence à ces « Matinaux » que furent les Présocratiques et plus précisément à Héraclite dans lequel Heidegger comme Char voient moins le penseur de l'écoulement universel (ce qu'il est, pour Platon et encore pour Nietzsche, par opposition à Parménide) que celui de la dynamique permanente et du jeu des contraires. Mais si, à ces survivants d'une histoire plus que bimillénaire que nous sommes, se voit ainsi assignée la nécessité d'un « retour amont », ce n'est certes pas au sens d'une imitation nostalgique du mode de pensée et d'expression de ces premiers penseurs de l'Occident. Hölderlin, comme l'a souligné Heidegger, a été le premier à rompre avec l'idéologie humaniste, représentée en Allemagne essentiellement par Winckelmann et Schiller, qui voit dans la Grèce l'unique modèle à imiter[3]. La Grèce n'est pas pour Heidegger une patrie

1. Heidegger, *Essais et Conférences*, Paris, Gallimard, 1958, p. 177.
2. René Char, *Œuvres complètes*, *op. cit.*, p. 188.
3. *Lettre sur l'humanisme*, *op. cit.*, p. 86. Il suffit de lire attentivement la première lettre à Böhlendorff pour s'en convaincre.

perdue, mais un commencement[1] qui abrite encore en lui-même un toujours impensé vers lequel dans tout le monde grec une unique sentence fait signe, le fragment 123 d'Héraclite : *physis kruptesthai philei*, qui dit, comme le traduit excellemment Jean Beaufret, qu'« à l'éclosion universelle qu'est la *physis* il appartient de demeurer inapparente et retirée au sein de l'ombre »[2]. Si la langue grecque a bien indiqué, par le mot *alètheia*, le rapport essentiel de toute éclosion à un retrait ou à une réserve plus originels qu'elle, le génie grec, en donnant naissance à la philosophie, a plutôt mis l'accent unilatéralement sur l'éclosion lumineuse elle-même en tant qu'elle peut multiplement être prise en vue, selon un aspect, un *eidos*, à chaque fois différent. Penser l'ombre moins comme le défaut de lumière que comme ce d'où naît et où s'alimente toute clarté, voilà en quoi consiste pour Heidegger la sauvegarde du commencement grec en ce qu'il recèle d'avenir – ce qui n'a rien à voir avec un retour mimétique aux Grecs, puisqu'il s'agit précisément, en pensant l'*événement* de la lumière, sa naissance à partir de l'ombre, de n'être « plus grec du tout », un tel « dépassement » du grec ne lui ôtant cependant pas « sa signification essentielle »[3]. René Char lui aussi prend soin de se démarquer par rapport à toute démarche nostalgique de retour dans le bandeau rédigé pour *Retour amont* quelques années après sa parution en 1965 : « Retour amont ne signifie par retour aux sources. Il s'en faut. Mais saillie, retour aux aliments non différés de la source, et à son œil, amont, c'est-à-dire au pire lieu déshérité qui soit. »[4]

Ce lieu déshérité, ce n'est rien d'autre que la terre qui n'est plus,

1. Voir la lettre de M. Heidegger à Kästner citée plus haut : « Il m'apparaît souvent que la Grèce est comme une seule de ses îles. Il n'y a pas de pont qui y mène. C'est un commencement. Hölderlin a sauvé ce qu'elle a d'initial. »
2. J. Beaufret, « Héraclite et Parménide », in *René Char*, Paris, L'Herne, 1971, p. 155.
3. Cf. « Séminaire du Thor de 1969 », *Questions IV, op. cit.*, p. 302 : « Avec l'*Ereignis*, ce n'est plus grec du tout. »
4. R. Char, *Œuvres complètes, op. cit.*, p. 656. Voir également pp. 734-736, le texte daté de septembre 1966 et intitulé « Réponses interrogatives à une question de Martin Heidegger », question qui concernait la fameuse affirmation : « La poésie ne rythmera plus l'action, elle sera en avant ». Heidegger a lui aussi consacré par la suite un court texte traitant de la même phrase sous le titre « Rimbaud vivant » (*Denkerfahrungen*, Klostermann, Frankfurt am Main, 1983, pp. 165-167).

pour nous qui « nous sentons détachés d'Icare qui se voulut oiseau », une base d'envol, mais au contraire « cette terre formicante » où « nous resterons, pour vivre et pour mourir, avec les loups, filialement »[1]. Ce qui échoie en effet aux hommes de notre temps, c'est une essentielle absence de patrie qui nous voue à « la terre, pareille à un ossement sans dévotion », nous qui « plus jamais ne serons rapatriés »[2]. C'est pourquoi l'Occident doit cesser de rêver à la reconquête de ses pouvoirs perdus et ne plus se retourner en arrière vers un Orient disparu : « Cette espérance de retour est la pire perversion de la culture occidentale, sa plus folle aberration. En voulant remonter aux sources et se régénérer, on ne fait qu'aggraver l'ankylose, que précipiter la chute et punir absurdement son sang. Rimbaud avait éprouvé et repoussé cette tentation : *"Il faut être absolument moderne : Tenir le pas gagné."* »[3]

Mais si nul retour en arrière n'est plus possible, si comme l'écrit Heidegger à Kästner, la Grèce tout entière est semblable à une seule des îles qui la composent et si aucun pont n'y mène plus, que signifie alors la prédilection de Char pour Héraclite, ce penseur qui, entre tous, s'est refusé « à morceler la prodigieuse question »[4] ? Par deux fois Char allie étrangement le nom du présocratique à celui d'un peintre de l'âge classique dont on connaît l'importance pour le poète, Georges de La Tour[5]. Nul doute qu'à cet égard Char voie surtout en Héraclite le penseur du feu et de l'éclair, de la lumière qui troue et fait ressortir les ténèbres, que la peinture de Georges de La Tour donne plus qu'aucune autre à voir. Mais Georges de La Tour est-il bien ce peintre de la dialectique des ténèbres et de la lumière ? N'est-il pas au contraire plutôt un peintre de la nuit, de cette nuit sans limites d'où naît pourtant le jour ?

Si l'on cherche en effet une représentation de l'opposition dialectique de la lumière et des ténèbres, c'est plutôt vers l'œuvre du Caravage, dont Georges de La Tour a probablement subi l'influence et avec lequel on l'a longtemps confondu, qu'on devrait se tourner.

1. R. Char, *Œuvres complètes*, *op. cit.*, p. 656.
2. *Ibid.*, p. 401.
3. *Ibid.*, p. 732.
4. *Ibid.*, p. 720.
5. *Ibid.*, pp. 157 ; 731.

Car c'est lui le peintre des effets de lumière et du relief, alors que Georges de La Tour, peintre des torches et des chandelles, est celui de l'*émergence* de la lumière, de sa naissance à partir de la nuit et de son règne diffus qui ne la fait pas disparaître. Malraux, dans *Les voix du silence*, a admirablement caractérisé le génie de Georges de La Tour :

> La lumière des caravagesques tend d'abord à séparer leurs personnages de l'obscurité ; mais ce n'est pas l'obscurité que peint Latour : c'est la nuit. La nuit étendue sur la terre, la forme séculaire du mystère pacifié. Ses personnages n'en sont pas séparés, ils en sont l'émanation. Elle prend forme en une petite fille qu'il appelle un ange, en des apparitions de femmes, en cette flamme droite de torche ou de veilleuse, qui ne la troublent pas. Le monde devient semblable à la vaste nuit sur les armées endormies de jadis où, sous la lanterne des rondes, surgissaient, pas après pas, des formes immobiles. Dans cette obscurité peuplée, lentement une veilleuse s'allume : et elle fait apparaître des bergers serrés autour d'un enfant, la Nativité dont la flamme tremblante va s'épandre jusqu'aux limites de la terre... Aucun peintre, pas même Rembrandt, ne suggère ce vaste et mystérieux silence : Latour est le seul interprète de la part sereine des ténèbres.[1]

L'art baroque, poésie ou peinture, dit la métamorphose continuelle et le devenir de l'être et les gesticulations dramatiques des personnages du Caravage s'accordent mieux avec le hégélianisme qui donne le primat au devenir sur l'être que la lenteur et l'immobilisme des tableaux de De La Tour qui, comme le dit Malraux, « en un temps de frénésie ignore le mouvement »[2]. Le tableau préféré de René Char, *Le prisonnier*, est le moins théâtral, le moins réaliste, le plus transparent de toute l'œuvre de Georges de La Tour[3]. Pendant la guerre, à l'époque où René Char était chef d'un groupe de résistants et où, dans son combat contre l'occupant, il fit l'expérience de la barbarie nazie, c'est ce tableau de Georges de La Tour qui a été

1. A. Malraux, *Les voix du silence*, Paris, Gallimard, 1951, p. 388.
2. *Ibid.*, p. 380. À lire Jean Pénard, dans son beau livre intitulé *Rencontres avec René Char* (Paris, Corti, 1991), on apprend que ce dernier n'avait guère d'estime pour Malraux (*op. cit.*, pp. 35, 92, 176). On peut cependant penser que les lignes que l'auteur des *Voix du silence* consacrent à Georges de La Tour auraient reçues son approbation.
3. Tableau dont le sujet a été l'objet de discussions et que l'on s'accorde aujourd'hui à considérer comme représentant Job interpellé par sa femme.

pour lui le symbole de l'humanité. Il en parle dans les *Feuillets d'Hypnos*, ces esquisses écrites dans le maquis entre 1942 et 1944, dédiées à Albert Camus, qui représentent un tout nouvel exemple de poésie engagée :

> La reproduction en couleur du *Prisonnier* de Georges de La Tour que j'ai piquée sur le mur de chaux de la pièce où je travaille, semble, avec le temps, réfléchir son sens dans notre condition. Elle serre le cœur mais combien désaltère ! Depuis deux ans, pas un réfractaire qui n'ait, passant la porte, brûlé ses yeux aux preuves de cette chandelle. La femme explique, l'emmuré écoute. Les mots qui tombent de cette terrestre silhouette d'ange rouge sont des mots essentiels, des mots qui portent immédiatement secours. Au fond du cachot, les minutes de suif de la clarté tirent et diluent les traits de l'homme assis. Sa maigreur d'ortie sèche, je ne vois pas un souvenir pour la faire frissonner. L'écuelle est une ruine. Mais la robe gonflée emplit soudain tout le cachot. Le Verbe de la femme donne naissance à l'inespéré mieux que n'importe quelle aurore.
> Reconnaissance à Georges de La Tour qui maîtrisa les ténèbres hitlériennes avec un dialogue d'êtres humains.[1]

Le poète a vu dans ce tableau une image de la condition humaine en tant qu'elle se confond avec l'acte poétique Car c'est bien ce que symbolise le geste lent par lequel, éclairant les « ténèbres hitlériennes » qui sont aussi celles de cette Nuit du monde qu'est l'âge occidental, la « terrestre silhouette d'ange rouge », qui n'est rien d'autre que cette part noble de l'homme que le temps de détresse menace de détruire, apporte à cet « emmuré » qu'il est alors « des mots qui portent immédiatement secours ». Ce verbe salvateur n'est-il pas en effet précisément celui des poètes du temps de la détresse dont parle Hölderlin qui « apportent aux mortels la trace des dieux enfuis dans l'opacité de la nuit du monde »[2] ? Ce en quoi consiste ce que Char nomme la « justesse de Georges de La Tour », c'est qu'il nous incite certes « à entrer dans le cercle de la bougie », à nous « y tenir », mais « en ne cédant pas à la tentation de remplacer les ténèbres par le jour et leur éclair nourri par

1. R. Char, *Œuvres complètes, op. cit.*, p. 218.
2. M. Heidegger. « Pourquoi des poètes ? », *Chemins qui ne mènent nulle part*, Paris, Gallimard, 1962, p. 261.

un terme inconstant »[1]. Car il ne s'agit pas d'éliminer l'opacité et le mystère des ténèbres au profit du « jour cruel », uniformément répandu sur toutes choses et les dissolvant en ce qu'elles ont de plus éphémère. René Char voit en effet dans l'actualité, dont Heidegger disait qu'elle « décide d'avance de ce qui est compréhensible et de ce qui, étant incompréhensible, doit être rejeté »[2] son « ennemi le plus sournois »[3] Ce qui est au contraire requis, c'est d'apercevoir la constante fulguration des ténèbres afin de parvenir à loger l'éternel dans le temporel. Car c'est alors seulement que le poète peut affirmer que « l'éclair [lui] dure »[4].

Ce qu'atteste la peinture de Georges de La Tour, c'est aussi ce que ce « poète de la poésie » qu'est par excellence Hölderlin nous apprend : que la condition d'homme ne se voit remplie que lorsque l'homme se mesure avec le divin et que cela advient dans la poésie. Habiter véritablement la terre ne veut pas dire renoncer au ciel, mais au contraire demeurer lié au céleste, sans cependant chercher en lui sa patrie. C'est pourquoi « l'intelligence avec l'ange » demeure « notre primordial souci »[5]. L'ange est une figure poétique que l'on trouve aussi chez Rilke, qui voit en lui « la créature en laquelle la transformation du visible en invisible, dont nous nous acquittons avec peine, est déjà accomplie », « l'être qui se porte garant pour reconnaître dans l'invisible un rang plus élevé de réalité »[6]. Chez René Char, l'ange est nettement plus terrestre que céleste. C'est aussi dans les *Feuillets d'Hypnos* qu'il en donne une claire définition :

> Ange, ce qui, à l'intérieur de l'homme, tient à l'écart du compromis religieux, la parole du plus haut silence, la signification qui ne s'évalue pas. Accordeur de poumons qui dore les grappes vitaminées de l'impossible. Connaît le sang, ignore le céleste. Ange : la bougie qui se penche au nord du cœur.[7]

1. « Justesse de Georges de la Tour », texte écrit le 26 janvier 1966, *Œuvres complètes, op. cit.*, p. 455.
2. *Lettre sur l'humanisme, op. cit.*, p. 81.
3. René Char, *Œuvres complètes, op. cit.*, p. 754.
4. *Ibid.*, p. 378.
5. *Ibid.*, p. 179.
6. R. M. Rilke, Lettre du 13 novembre 1925, *Lettres de Muzot*, p. 337. Passage cité par Heidegger dans *Chemins qui ne mènent nulle part*, op. cit., p. 255.
7. René Char, *Œuvres complètes, op. cit.*, p. 179.

Un tel ange est à la fois semblable à nous et totalement autre, il est cette part de nous-mêmes qui nous demeure « inaccessible » et à laquelle seule pourtant « nous appartenons »[1], il est simplement celui qui assiste l'homme et allume dans la caverne où il s'abrite la petite flamme de la bougie, se courbant jusqu'à la terre, afin de la rendre habitable. Car l'ange de Char, pas plus que l'ange de Rilke, n'est cette puissance céleste qui installerait « l'éternel compensateur comme finalité triomphale du temporel »[2], mais simplement cette « partie de l'homme réfractaire aux projets calculés »[3] qui le rend capable d'habiter la terre en faisant surgir l'éternel du temporel lui-même. Car ce n'est qu'« en poète que l'homme habite cette terre », comme le sait Hölderlin et après lui Rimbaud :

> Avec Rimbaud, la poésie a cessé d'être un genre littéraire, une compétition. Avant lui Héraclite et un peintre, Georges de La Tour, avaient construit et montré quelle maison entre toutes devait habiter l'homme : à la fois demeure pour le souffle et la méditation.[4]

Si l'œuvre nocturne de Georges de La Tour a si profondément inspiré René Char, c'est peut-être parce qu'il est lui-même, plus encore qu'un poète solaire, le poète de la nuit qui se fait lumière, du « matinal ». Mais cet état intermédiaire où jour et nuit font l'épreuve de leur secrète et « exaltante alliance » est non seulement instable, mais aussi ambivalent, « cette ligne blanche pouvant tout aussi bien signifier l'issue de l'aube que le bougeoir du crépuscule »[5]. Pourtant le moment où s'éteint la lumière, « cette heure de tombée » qui est la nôtre, n'est équivalent à celui où elle s'allume que si nous y gardons la mémoire de l'aurore et de la poussée en avant qu'elle inaugure :

> Nous ne pouvons vivre que dans l'entrouvert, exactement sur la ligne hermétique de partage de l'ombre et de la lumière. Mais nous sommes irrésistiblement jetés en avant. Toute notre personne prête aide et vertige à cette poussée.[6]

1. René Char, *Œuvres complètes, op. cit.*, p. 176.
2. *Ibid.*, p. 467
3. *Ibid.*, p. 653 : « Le poète est la partie de l'homme réfractaire aux projets calculés. »
4. *Ibid.*, p. 731.
5. *Ibid.*, p. 148.
6. *Ibid.*, p. 411.

L'aurore manifeste en effet la fécondité de la nuit dont le jour n'est que l'émanation. Car la lueur aussi loin qu'elle s'agrandisse jusqu'à devenir lumière éclatante « sera toujours fugitive »[1], alors que la nuit qui finalement l'engloutira, la « nuit plénière » et « sans ornement »[2] est dans son absolue simplicité l'intemporel même : « La lumière a un âge. La nuit n'en a pas. Mais quel fut l'instant de cette source entière ? »[3] L'instant – *Augenblick*, le temps d'un clin d'œil – de l'entièreté où lumière et ténèbres, éternel et temporel, vie et mort, ne sont plus éprouvés comme des contraires, mais dans leur simultanéité, c'est celui de l'éclair, « le seul maître qui nous soit propice », à « nous qui sommes ingouvernables », et « qui tantôt nous illumine et tantôt nous pourfend »[4]. C'est lui seul en effet qui peut jeter quelque lumière sur cet « effarant prodige »[5] qu'est la vie humaine. Car l'être humain n'a pas son sens en lui-même, mais en ce qui seul est hors temps, éternel et absolu : dans la nuit, qui a voulu voir la naissance de son contraire et a ainsi ardemment aspiré à la naissance du jour :

> L'homme fut sûrement le vœu le plus fou des ténèbres ; c'est pourquoi nous sommes ténébreux, envieux et fous sous le puissant soleil.[6]

☆

Plus forte que leur opposition visible est l'harmonie invisible qui unit la lumière aux ténèbres : telle est la leçon héraclitéenne que donne à voir la peinture de Georges de la Tour. Or c'est là la lecture que Heidegger fait également d'Héraclite, en lequel il voit un penseur moins de la dialectique des contraires que du déploiement des contrastes, au sens où si les contraires s'excluent, les contrastes en revanche se complètent et ce qui diffère en réalité s'entr'appartient. « Il n'y a pas de jour "à part soi", ni de nuit "à part soi", mais c'est la coappartenance du jour et de

1. René Char, *Œuvres complètes, op. cit.*, p. 645.
2. *Ibid.*, pp. 392-393.
3. *Ibid.*, p. 379.
4. *Ibid.*, p. 381
5. *Ibid.*, p. 658.
6. *Ibid.*, p. 410.

la nuit qui est leur être même. Si je dis seulement : jour, je ne sais rien encore de l'être du jour. Pour penser le jour, il faut le penser jusqu'à la nuit et inversement. La nuit est le jour comme ayant décliné... Ce qui *est* vraiment n'est ni l'un ni l'autre, mais la coappartenance des deux, le milieu inapparent de l'un et de l'autre » : voici ce que Heidegger expliquait en 1966 lors du premier séminaire improvisé au Thor qu'il avait choisi de consacrer à Parménide et à Héraclite[1]. Ce qui est vraiment, ce n'est donc pas l'*état* de ténèbres ou de lumière, mais l'*événement* inapparent par où les ténèbres se font lumière, l'éclosion native par où un monde nous est donné. Or c'est précisément cette éclosion native, que Heidegger nomme *Lichtung*, éclaircie, quand il ne lui donne pas son nom grec d'*alètheia*, que la pensée philosophique ignore, attachée qu'elle reste au dire du seul visible, alors que la poésie, elle, a su ne pas déserter son site[2]. Dire l'invisible en tant qu'il sous-tend tout le visible, dire la nuit en tant qu'elle est le cœur du jour, telle est la tâche d'une pensée qui ne se nomme plus elle-même philosophie sans pourtant se confondre avec la poésie dont elle emprunte néanmoins parfois la forme. Heidegger a en effet écrit quelques textes qui ont la forme de poèmes, et parmi ceux-ci, il en est un qui est précisément consacré à la nuit. Le voici :

> NUIT
> Nuit du profond silence
> Nuit pure
> Emplie d'étoiles
> Apporte-moi
> La seule chose
> Qu'à peine encore un penseur
> En attente
> Ait jamais surprise en toi :
> L'avènement
> Du jour de l'Être.[3]

1. *Questions IV, op. cit.*, pp. 203-204.
2. *Ibid.*, p. 212.
3. M Heidegger, *Denkerfahrungen*, Klostermann, Frankfurt am Main, 1983, p. 29. Ce poème fait partie d'une plaquette de poèmes publiée en 1941 sous le titre *Winke*. Michel Haar a traduit quatre de ces poèmes dans *Le Magazine littéraire* n° 235 de novembre 1986. Je propose ici ma propre traduction du poème intitulé « *Nacht* ».

Ce penseur, c'est Heidegger lui-même, dont la pensée s'engage, au prix d'inouïes difficultés, dans ce sur quoi la philosophie a toujours fait silence, dans l'*Ereignis*, afin de le *dire*. Sur ce chemin, le poète de « La nuit talismanique » l'a déjà précédé d'« une salve d'avenir »[1], car « ce caractère de la pensée, qu'elle est œuvre de poète, est encore voilé »[2].

1. R. Char. *Œuvres complètes, op. cit.*, p. 167 : « À chaque effondrement des preuves, le poète répond par une salve d'avenir. »
2. M. Heidegger, « L'expérience de la pensée », in *Questions III*, *op. cit.*, p. 37.

Heidegger et Trakl : le site occidental et le voyage poétique

HEIDEGGER A CONSACRÉ dès les années trente de nombreux textes à la question du « voisinage » entre poésie et pensée et cette réflexion s'est d'abord concentrée sur ce poète de la poésie qu'est à ses yeux Hölderlin. Et il est vrai que Hölderlin est *le* poète par excellence pour Heidegger, qui l'a lu très tôt, dès ses années d'études. Mais à la même époque, il avait déjà également lu trois autres poètes qui feront l'objet plus tard de ses « commentaires », de ses *Erläuterungen* : Rainer Maria Rilke auquel, bien qu'il le considère comme un poète qui demeure pris dans la métaphysique, il consacrera en 1946 un texte magnifique, « Pourquoi des poètes en temps de détresse ? »[1], Stefan George, poète qui fut très admiré à la fin du XIXe siècle et au début du XXe, et qui réunit autour de lui un grand nombre d'écrivains, de poètes et de penseurs dans le cadre du *George-Kreis*, du cercle Stefan George, auquel s'intéressa le jeune Heidegger, et enfin Georg Trakl, qui est né et a vécu en Autriche et qui est sans doute après Hölderlin le poète dont Heidegger se sent le plus proche et auquel il voue la plus grande admiration. Bien que Heidegger l'ait découvert dès la première publication de ses poèmes en 1919, cinq ans après sa mort, il ne lui consacrera pourtant que beaucoup plus tard deux textes, celui d'une conférence donnée en 1950, et un autre publié en 1953, et ces deux

1. Cf. M. Heidegger, *Chemins qui ne mènent nulle part*, Paris, Gallimard, 1962, pp. 323-385.

textes seront réunis en 1959 dans le volume intitulé *Unterwegs zur Sprache, Acheminement vers la parole*[1], lui-même dédié à un autre poète vivant, le français René Char dont Heidegger avait fait la connaissance quelques années auparavant.

La lecture que Heidegger nous donne ici de la poésie de Trakl a soulevé les mêmes critiques que celle qu'il avait auparavant faite de Hölderlin : on l'a accusé dans les deux cas d'avoir procédé à une interprétation arbitraire et d'avoir à toute force voulu voir en eux des porte-paroles de sa propre vision de l'histoire et de la modernité. Toutes les études consacrées à Trakl à partir des années cinquante, et elles sont nombreuses, se sont efforcées de se démarquer, souvent violemment, de l'interprétation heideggérienne. Celle-ci a sans doute de quoi indigner les philologues et les historiens, ceux qui veulent s'en tenir à une investigation de la langue tout à fait singulière de Trakl, ou qui veulent le rattacher à l'expressionnisme allemand. Il reste cependant à se demander si ces dernières approches parviennent jamais à rendre compte de ce qui, dans les poèmes énigmatiques de Trakl, ne se laisse pas simplement ramener au destin d'un être singulier ou d'une génération, mais concerne la situation même de l'homme en tant qu'être historique. C'est à ce niveau que s'impose l'interprétation que Heidegger nous donne du « site » de Trakl. Des deux textes que Heidegger a consacrés à Trakl, le premier, intitulée « La parole » (*Die Sprache*), consiste en un commentaire d'un seul poème de Trakl, *Ein Winterabend*, « Un soir d'hiver », alors que le second, « La parole dans l'élément du poème » (*Die Sprache im Gedicht*) est, comme le souligne le sous-titre, une véritable « situation » de l'ensemble des poèmes de Trakl, dans laquelle il cite ou mentionne plus d'une quarantaine de poèmes sur la centaine de ceux que nous a laissés Trakl. L'interprétation de Heidegger désigne même expressément le site de sa poésie par le terme emprunté à Trakl de *Abgeschiedenheit*, qui a le sens en allemand courant de « retraite », « isolement », état de celui qui est séparé ou décédé (*abgeschieden*) et qui a pris congé (*Abschied*). C'est autour de ce terme, qui selon Heidegger indique la compréhen-

1. M. Heidegger, *Acheminement vers la parole*, traduit par J. Beaufret, W. Brokmeier et F. Fédier, Paris, Gallimard, 1976.

sion profonde de l'histoire de l'Occident qu'avait Trakl, que tourne tout le commentaire qu'il nous livre de sa poésie.

La conférence « *Die Sprache im Gedicht* » comporte en effet le sous-titre suivant : « *Eine Erörterung von Georg Trakls Gedicht* », que Beaufret, qui a traduit cette conférence dès 1958[1], rend par « Situation du dict de Georg Trakl ». Je laisse de côté pour l'instant le mot *Gedicht*, pour me concentrer sur le mot *Erörterung*, situation. Ce mot signifie en allemand courant « discussion », « débat », mais Heidegger veut ici lui donner son sens étymologique, car ce mot est construit sur *Ort*, qui signifie lieu ou site. Il s'agit donc moins pour lui de s'engager dans une analyse exhaustive de la poésie de Trakl que d'indiquer son site. Mais qu'est-ce que le site d'un dire poétique, si l'on n'entend pas cette question de manière historiographique, c'est-à-dire par rapport à l'époque, au pays et à la langue, ni de manière biographique, c'est-à-dire par référence à l'histoire personnelle de son auteur, ni de manière psychanalytique, c'est-à-dire par référence non pas au psychisme conscient, mais à l'inconscient et aux fantasmes de l'auteur, et si enfin on ne l'entend pas non plus de manière sociologique, c'est-à-dire comme relative à un milieu social donné ? Histoire, biographie, psychanalyse, sociologie, nous avons reconnu là les cadres interprétatifs fondamentaux des œuvres d'art qui ont cours aujourd'hui, et si Heidegger cite ici la psychanalyse, lui qui n'en parle pratiquement jamais, c'est précisément parce que celle-ci a été souvent invoquée pour rendre compte des rapports que Trakl a entretenus avec sa sœur Grete. Un de ses poèmes est bien intitulé « Inceste », en allemand « *Blutschuld* », littéralement « faute de sang », mais rien ne permet de conclure que quelque chose de tel a véritablement eu lieu, et même si ce fut le cas, cela ne suffit certainement pas à expliquer cette volonté d'autodestruction qui anima aussi bien le frère, qui devint pharmacien pour pouvoir se droguer, que la sœur, qui se suicida à vingt-cinq ans, trois ans après son frère, lui-même mort d'une « overdose » de cocaïne à vingt-sept ans. Il ne s'agit donc pas, pour Heidegger, de se référer à ces cadres interprétatifs externes à l'œuvre, pour com-

1. Cf. *La Nouvelle Revue Française*, janvier et février 1958, n° 61, pp. 52-75, et n° 62, pp. 213-236.

prendre celle-ci, mais il s'agit au contraire de trouver en l'œuvre elle-même le principe de sa compréhension. C'est pourquoi il fait allusion au sens étymologique du mot *« Ort »*, site, qui ne signifie pas le lieu au sens général, mais désigne originellement la pointe de la lance où se rassemble toute la puissance de l'arme, c'est-à-dire ici le point de convergence, de rassemblement, le point suprême et extrême de l'œuvre. Questionner en direction du site du dire poétique de Trakl, c'est donc chercher non pas un lieu délimité et statique, un point qui renfermerait en soi comme en une capsule la quintessence de l'œuvre, mais au contraire un point dynamique, la *source* à partir de laquelle se répand l'onde mouvante de la multiplicité des poèmes. C'est précisément parce qu'un tel site est la source de l'œuvre qu'il en demeure l'origine voilée. Et c'est cette origine des poèmes multiples que Heidegger nomme *« Gedicht »*, un mot utilisé en allemand pour désigner un poème singulier, mais qui a lui aussi, à cause de la particule *ge-*, le sens du rassemblement de l'ensemble de ce qui est œuvre poétique. On comprend mieux à partir de là la phrase de Heidegger qui dit que *« Jeder grosse Dichter dichtet nur aus einem einzigen Gedicht »* et que Beaufret traduit comme suit : « Tout grand poète n'est poète qu'à partir de la dictée d'un Dict unique »[1], du tout d'un *Gedicht* qui demeure lui-même informulé mais dont chaque poème singulier provient. Sans source unique, sans site un, il n'y a pas en effet pour Heidegger de « grande » poésie.

La grandeur, précise-t-il, se mesure à l'ampleur de la confiance que le poète fait à l'unicité de la source de son dire poétique. Cette source, soulignons-le à nouveau, demeure hors parole, et ce qui constitue le point de convergence des poèmes singuliers du grand poète est plutôt de l'ordre de l'expérience que de l'ordre du dire. Un peu plus loin, Heidegger parlera du ton fondamental de la poésie de Trakl qui donne leur unisson à l'ensemble de ses poèmes, et suggère ainsi que l'unité dont il parle est celle d'une tonalité, d'une *Stimmung* et d'une *Stimme*, d'une tonalité affective et d'une voix. Mais ce qui est ici remarquable, c'est que cette unité d'expérience qui est au fonde-

1. Cf. M. Heidegger, *Unterwegs zur Sprache*, Neske, Pfullingen, 1959, p. 37 ; traduction, *op. cit.*, pp. 41-42.

ment de l'ensemble des poèmes du grand poète, Heidegger la pense moins en relation au temps qu'en relation au lieu. Car, suggère-t-il, c'est à la représentation métaphysique et esthétique que le mouvement qui va dans le poème de la source non-dite au dire poétique n'apparaît d'abord que comme rythme. Il faut en effet pour Heidegger penser plus profondément l'essence du rythme, ne pas le confondre avec les simples effets sensibles du langage poétique. Comme il le souligne dans une autre conférence du même volume[1], la signification originelle du grec *rhusmos* n'est pas écoulement et flux, comme on le croit généralement, mais bien ajointement (*Fügung*). Le rythme n'est donc pas à référer à l'écoulement du devenir, mais bien plutôt à l'immobilité du lieu, car il est ce qui accorde au mouvement poétique, à cette onde qui jaillit de la source et y revient, à ce mouvement de flux et de reflux sa stabilité et ses limites. C'est pourquoi Heidegger déclare que le rythme est ce qui donne le repos au mouvement de la musique et de la danse et l'ajointe en un tout harmonieux en le laissant reposer en soi.

C'est donc ce qu'il y a d'immobile dans la poésie, ce qui constitue ce que nous pourrions nommer son architecture cachée, qu'il s'agit de faire apparaître dans ce que Heidegger nomme *Erörterung*, situation. Il s'agit, explique-t-il, de remonter à partir des poèmes singuliers, au site dont ils proviennent, et cette remontée est donc un voyage qui nous fait passer du dit au non-dit, de l'onde à sa source. Mais pour entendre l'unité du ton fondamental de la poésie de Trakl, il faut bien partir des poèmes insolés et de leur élucidation. Il faut donc commencer par ce que Heidegger nomme *Erläuterung*, éclaircissement, par lequel la voix qui parle dans le poème peut être entendue. Or les mots *laut, lauter*, renvoient en allemand aussi bien à la sonorité de la voix qu'à la clarté de ce qui est limpide et brille par lui-même. Dans la langue courante, *Erlaüterung* a le sens de commentaire et désigne l'exercice scolaire de l'explication de texte. Ce qui est *clair* (*das Lautere*) est porté par là à son premier apparaître. L'éclaircissement fait voir ou fait entendre ce qui est dit dans le poème singulier. Mais une bonne

1. Cf. M. Heidegger, *Unterwegs zur Sprache*, *op. cit.*, p. 230, traduction, p. 215.

élucidation présuppose déjà la situation, car ce n'est qu'à partir de la source de la poésie que les poèmes singuliers brillent et retentissent. Et inversement la situation a besoin, pour accéder au lieu, pour faire entendre le ton fondamental qui traverse tous les poèmes, que ceux-ci soient préalablement parcourus et élucidés. Heidegger ne parle pas ici de cercle, mais d'un rapport de réciprocité (*Wechselbezug*), d'un échange entre *Erläuterung* et *Erörterung*, entre éclaircissement et situation. Il n'en demeure pas moins qu'il s'agit de ce qu'il a nommé dans *Être et temps* cercle de la compréhension[1]. La situation herméneutique et sa démarche nécessairement circulaire ont déjà été mises en évidence en 1927, et Heidegger notait à ce propos qu'il ne s'agissait pas de condamner ce cercle, de voir en lui une faute logique, mais au contraire de s'y engager, car il appartient à la structure même du sens qui exige que la compréhension se précède pour ainsi dire elle-même et que toute explicitation partielle soit guidée par une visée anticipative du tout qui n'est elle-même rendue possible que par l'analyse de la partie.

Heidegger suggère ainsi que tout dialogue pensant avec la poésie d'un poète demeure pris dans ce « cercle herméneutique » où situation et éclaircissement se présupposent réciproquement l'une l'autre. Le terme de *Zwiesprache* auquel il a alors recours indique la situation d'une parole échangée entre deux partenaires, et Heidegger souligne que le vrai « dialogue » avec la poésie est celui des poètes entre eux, ce qui implique que dans ce cas la parole échangée est dans les deux sens poétique. Mais un autre dialogue est aussi possible et parfois même nécessaire, c'est le dialogue de la pensée et de la poésie, car toutes deux ont un rapport insigne à la parole. Heidegger retrouve ici une idée qu'il a déjà exposée maintes fois depuis les années trente, et d'abord dans ses premiers « éclaircissements » de la poésie de Hölderlin : pensée et poésie ne se bornent pas à utiliser les mots, n'ont pas un rapport instrumental au langage, mais se déploient toutes deux dans l'élément même de la parole, ce qui implique qu'en elles le « sens » ne soit pas détachable de son support langagier. Ce rapport insigne à la langue, bien qu'il soit différent dans les deux cas et qu'il ne per-

1. Cf. M. Heidegger, *Être et temps*, Paris, Gallimard, 1986, § 32, pp. 198 [153] sq.

mette donc pas d'identifier poésie et pensée, mais plutôt de parler de leur « voisinage », c'est un rapport d'habitation, un être à demeure dans la parole qui caractérise le statut de ceux que Heidegger ne nomme pas les hommes, mais bien les mortels, ceux, dit-il dans une conférence datant de la même époque, qui sont « capables de la mort »[1]. Mortel n'est donc pas le nom d'un être pourvu de déterminations négatives, comme c'est traditionnellement le cas, mais au contraire une appellation qui implique une « capacité » : la capacité de ne pas s'ériger en sujet de représentation, de ne pas se constituer en « point archimédique », pour reprendre une expression cartésienne, mais de se penser au contraire comme « au service » de l'apparaître, comme « employé » (*gebraucht*) par l'être, et comme son partenaire dans le dialogue entretenu avec lui. Le mortel est celui qui répond à l'appel de l'être et qui n'est donc pas en position première, ce qui implique que sa parole n'est pas son instrument docile, une technique qu'il se serait donnée à lui-même pour maîtriser les phénomènes, mais au contraire un *don* qu'il reçoit et de l'usage duquel il a à répondre. Le penseur et le poète font l'un et l'autre l'épreuve de cet « être » de la parole, et ici le mot *Wesen* a le sens que lui donne Heidegger depuis déjà les années quarante, à savoir le sens de l'ancien verbe haut allemand *wesan*, qui signifie « déployer son être », plutôt que celui traditionnel d'« essence », qui suppose la distinction elle-même traditionnelle de l'essence et de l'existence et le *khòrismos* hérité du platonisme séparant le sensible de l'intelligible.

Ce qui rend nécessaire le dialogue entre poésie et pensée, c'est précisément le fait que nous nous trouvons aujourd'hui sommés d'en appeler au déploiement de l'être de la parole afin que celle-ci devienne à nouveau, parce qu'elle est la demeure de l'être, celle aussi de l'homme. Il s'agit en effet, comme le disait déjà Heidegger dans sa conférence sur « La chose », pour les hommes de « devenir des mortels »[2] et d'abandonner ainsi leur statut de sujet, ce qui implique, comme il le dit ici, qu'ils apprennent à habiter dans la parole. C'est à un tel apprentissage que peut mener le dialogue entre

1. Cf. M. Heidegger, « La chose » (1950) in *Essais et conférences*, Paris, Gallimard, 1954, p. 212.
2. Cf. *Essais et conférences, op. cit.*, p. 213.

pensée et poésie, dialogue dont Heidegger souligne qu'il a à peine commencé et qu'il requiert, surtout en ce qui concerne le poète qu'est Trakl, une retenue toute particulière. Car un tel dialogue recèle un danger, celui de perturber le dire poétique plutôt que de le laisser être tel qu'il est, à savoir un chant, une incantation des choses et non leur simple désignation. Dans ses *Erläuterungen zu Hölderlins Dichtung*, publiées elles aussi au début des années cinquante, Heidegger évoquait le risque auquel s'affronte tout éclaircissement des poèmes, le risque de faire violence au poétique et de le plier au joug du concept. C'est pourquoi il déterminait comme le dernier pas à accomplir pour l'éclaircissement son propre effacement devant « la pure présence du poème », afin que devant celle-ci il parvienne à se rendre lui-même inutile[1]. L'éclaircissement doit donc viser à se rendre superflu et non pas s'interposer entre le poème et nous. De même ici la situation de la poésie ne peut jamais se substituer au poème, elle ne peut remplacer l'écoute, et pas même la guider. Car elle ne peut user d'aucun outil externe d'explication, elle ne peut ni partir de la vision du monde du poète, ni de l'inventaire minutieux de ses outils poétiques. Elle ne parvient dans le meilleur des cas qu'à rendre notre écoute plus problématique, plus digne de question et plus méditante. Il ne s'agit donc pas de procéder à une approche analytique de la poésie de Trakl, mais bien de se mettre en quête de la localité du lieu du poème, de la région où il se déploie, quête dont il faut souligner à nouveau le caractère risqué. Heidegger reconnaît lui-même qu'elle apparaît comme une quête bien limitée, qui ne fait pas usage de toutes les informations dont nous disposons sur la poésie de Trakl, et qu'elle semble même constituer une aberration aux yeux de tous ceux qui aujourd'hui considèrent que l'analyse est la procédure d'approche la seule valable des productions culturelles.

☆

1. M. Heidegger, *Approche de Hölderlin*, Paris, Gallimard, 1973, p. 8.

Heidegger avoue donc lui-même que sa façon de procéder dans la situation qu'il entreprend de la poésie de Trakl peut paraître arbitraire puisqu'elle doit s'appuyer sur un certain nombre de vers tirés des poèmes de Trakl, mais cette apparence d'arbitraire provient du saut (Heidegger dit plus précisément *Blicksprung*, saut du regard) qui est nécessaire pour nous faire passer du dit au non dit. Or ce saut nous conduit à un vers tiré du poème intitulé « Printemps de l'âme » (*Frühling der Seele*) dont Heidegger ne citera les neuf derniers vers qu'à la fin de la conférence. Ce vers dit : *« Es ist die Seele ein Fremdes auf Erden »,* « L'âme est en vérité quelque chose d'étranger sur terre », et il forme le fil conducteur de la première partie de la conférence. Heidegger commence par souligner que ce vers peut être compris à partir de la représentation platonicienne de l'opposition entre le sensible et l'intelligible, la terre d'une part, domaine du périssable, et l'âme d'autre part, domaine de l'impérissable. L'étrangeté de l'âme viendrait ainsi de sa non appartenance au sensible, du fait qu'elle n'est pas de l'espèce (*Schlag*) terrestre et qu'elle est donc déplacée (*verschlagen*) sur la terre. Mais Heidegger, qui veut soustraire Trakl à ce platonisme traditionnel, s'attache à montrer que le mot *fremd* que l'on traduit habituellement par « étranger » signifie en réalité en vieil allemand, donc dans la langue médiévale, où il a la forme *fram*, « en chemin vers », en avant vers un autre lieu. Ce qui est étranger est donc littéralement ce qui voyage, non pas ce qui erre sans but, mais ce qui s'avance ainsi vers le lieu qui lui est approprié. À partir de là le vers cité prend un autre sens : l'âme ne fuit pas la terre, lieu inhabitable pour elle, comme le veut le platonisme traditionnel, mais l'âme au contraire cherche la terre. Il faut donc entendre ce vers différemment : l'étrangeté à la terre n'est pas l'attribut de l'âme, mais, dans la mesure où elle nomme son être en chemin vers la terre, son essence même. Son étrangeté n'est en effet rien d'autre que son être en chemin qui la définit comme telle, l'essence de l'âme étant précisément d'être en pérégrination, en mouvement vers. Mais vers quoi ? Ici Heidegger doit faire appel, pour le préciser, à un vers d'un autre poème, *Sebastian im Traum*, « Songe de Sébastien », où il est question d'un oiseau, d'une grive qui appelle au déclin quelque chose d'étranger. Mais ce déclin n'est précisément pas le fait pour l'âme de quitter le séjour terrestre, et ce déclin n'est ni décadence ni catastrophe selon Heidegger qui invoque à l'appui un vers d'un troisième poème, « Automne transfiguré » (*Verklärter Herbst*), qui associe le déclin au repos et au silence. Il s'agit en effet pour Heidegger de penser de manière non négative le déclin. C'est pourquoi il cite à nouveau « Printemps de l'âme », où apparaît le verbe *dämmern* qui est employé aussi bien pour le lever du jour que pour la tombée de la nuit, le mot *Dämmerung* désignant en allemand soit l'aube soit le crépuscule, et ne signifiant donc pas nécessairement le déclin. Le vers cité dit précisément : *Geistlich dämmert /Blaüe über den verhauenen Wald* : « Spirituel l'azur *dämmert* (se lève ou tombe) sur la forêt abattue ». Ici une nouvelle relation se révèle, celle de ce qui est *geistlich*, « spirituel », en ce moment de clair-obscur qui précède le lever ou le coucher du soleil, et qui est un moment d'inclinaison de l'astre, de cette déclinaison au sens général du soleil dont parle le poème intitulé *Sommersneige*, « Déclin de l'été », qui dit de cette déclinaison qu'elle est *leise*, « discrète », qu'elle advient sans bruit, doucement, c'est-à-dire, précise Heidegger qui a de nouveau recours à l'étymologie de ce mot, « lentement », par glissement. C'est dans ce même poème qu'il est question du *Fremdling*, de l'étranger marchant à pas sonores dans la nuit d'argent et d'un bleu gibier qui doit garder mémoire de son sentier et des accords harmonieux de ses années spirituelles.

Il n'est pas possible ici de suivre dans le détail tous les rapprochements qu'opère Heidegger entre des vers de poèmes différents. Il suffit peut-être de souligner qu'il tente de cerner, par ces citations, la signification de l'azur pour Trakl, de ce bleu ou de cette bleuité dont parlait déjà Hölderlin dans un de ses derniers poèmes « En Bleuité adorable » et qui représentait pour Novalis, poète admiré par Trakl, la couleur de l'idéal dans son *Heinrich von Ofterdingen*. Un des vers cités par Heidegger au sujet de l'azur le caractérise comme *heilig*, saint ou sacré, et il faut se souvenir que ce terme chez Hölderlin ne doit pas être compris dans son sens courant, comme ce qui s'oppose au profane et qui constitue ainsi une autre région par rapport au mondain, mais dans son sens littéral qui signifie l'indemne, l'intact, le non entamé, le verbe *heilen*, qui veut dire guérir, appartenant à la même famille que l'anglais *whole*, entier. On comprend mieux à partir de là que Heidegger puisse affirmer que l'azur n'est pas une image du sacré, mais le sacré *lui-même* en tant qu'il est profondeur recueillante, puissance de rassemblement. Il y a donc une relation entre l'azur, le spirituel et le sacré. Le bleu gibier dont il est question dans le poème et auquel le poète enjoint de ne pas oublier le sentier de l'étranger est donc un drôle d'animal, puisqu'il doit se souvenir et regarder, un animal encore à venir, cet *animal rationale* dont Nietzsche disait qu'il n'était pas encore fixé, pas encore établi dans son essence propre[1]. L'établissement, la définition arrêtée d'un tel animal qui réunit en lui le sensible et l'intelligible est l'objet des efforts de la métaphysique occidentale depuis Platon, et Heidegger, qui a cherché dans *Être et temps* à donner une tout autre définition de l'homme, n'hésite pas suggérer que ces efforts sont peut-être vains, car les prémisses dont elle part, à savoir la dualité interne de l'homme, ne lui ouvre aucune voie praticable. Cet animal non encore arrêté en son être parce que double, c'est l'homme de maintenant. Alors que le bleu gibier est ce mortel qui se souvient de l'étranger, donc de l'âme et de son cheminement, et qui voudrait avec lui voyager jusqu'au foyer de l'essence humaine. Ceux qui accompagnent ainsi l'étranger dans son voyage, ce sont les peu nombreux, les inconnus, « s'il est vrai », ajoute Heidegger, « que l'essentiel advient furtivement, à l'improviste, et comme l'exception »[2]. On ne peut ici que voir une réminiscence de ce passage du *Zarathoustra* de Nietzsche, intitulé « L'heure la plus silencieuse », où il est dit que « ce sont les pensées qui viennent comme portées sur des pattes de colombe qui dirigent le monde »[3]. Cette mise en relation par Heidegger de la poésie de Trakl avec la pensée de Nietzsche paraîtra moins arbitraire si l'on rappelle que Trakl a lui-même été un lecteur et un admirateur passionné de Nietzsche.

1. Voir dans *Qu'appelle-t-on penser ?*, Paris, PUF, 1959, pp. 53 sq., le commentaire que fait Heidegger de cette parole de Nietzsche.
2. *Acheminement vers la parole, op. cit.*, p. 49.
3. F. Nietzsche, *Ainsi parlait Zarathoustra*, Paris, Mercure de France, 1958, p. 152.

Ce bleu gibier, quand il apparaît, a donc délaissé son apparence humaine, l'homme sous sa forme traditionnelle d'*animal rationale* est ainsi entré en décadence, il se défait, perd son essence, *verwest*. L'homme ancien est mort, non au sens où il a quitté la vie terrestre, mais au sens où il a abandonné son ancienne essence, où il est entré dans ce déclin qui n'est nullement négatif auquel l'étranger se voit appelé. Cette mort n'est donc pas décomposition, mais au contraire l'abandon de la forme décomposée de l'homme. Il faut, pour comprendre ici ce que suggère Heidegger, se souvenir de la distinction que fait Nietzsche au début de son *Zarathoustra* entre le dernier homme et le surhomme. Le dernier homme, c'est l'homme moderne, qui ne met plus d'étoile au monde[1], et qui, ne parvenant pas à réaliser son essence, est cet homme à la forme décomposée dont parle Trakl. Le surhomme, c'est l'homme qui veut réintégrer sa véritable essence, qui surmonte donc la décomposition et qui abandonne la forme que l'homme a revêtue jusqu'ici. L'espèce de la forme décomposée de l'homme dont parle Trakl est l'espèce arrachée à son mode d'être et ainsi déportée ou déposée (*entsetzt*) hors de son essence.

C'est à partir de là que le texte de Heidegger devient énigmatique. Il demande : de quoi cette espèce est-elle frappée, c'est-à-dire maudite (*verflucht*) ? La traduction de Beaufret évite ici le mot « malédiction » et « maudire » pour *Fluch* et *verflucht*, mots à connotation chrétienne qu'emploie Trakl, sans doute parce que Heidegger lui-même indique que ce terme renvoie au grec *plègè*, que Beaufret traduit par « plaie ». Nous verrons que Heidegger lui-même pose un peu plus loin dans la conférence la question du christianisme de Trakl. Pour l'instant, ce qui importe c'est de comprendre en quoi consiste la malédiction de l'espèce en décomposition. C'est, explique Heidegger, le fait que cette ancienne espèce est frappée jusqu'au déchirement par la discorde (*Zwietracht*) des espèces. Il y a donc une tension (*Tracht*) entre les deux espèces dont Heidegger nous dit qu'elle conduit chacune d'elles à se ruer de manière effrénée dans la simple sauvagerie du gibier et ainsi à s'isoler. Ce n'est pourtant pas, ajoute Heidegger, la

1. F. Nietzsche, *Ainsi parlait Zarathoustra, op. cit.*, p. 11.

dualité elle-même des espèces qui est la malédiction, mais bien leur dissension ou leur discorde, ce qui donc fait de la dualité une guerre des espèces. La malédiction, c'est l'isolement, la *Vereinzelung* des espèces, leur séparation dans la guerre. Il y a donc une bonne et une mauvaise manière de vivre l'individuation, le devenir un : la bonne frappe, c'est celle qui permet l'acceptation de la dualité des espèces en ce qu'elle voit dans le deux la douceur d'un simple double pli (*einfältigen Zwiefalt*), et est ainsi attentive à l'étrangeté du dédoublement, c'est-à-dire, selon le sens que Heidegger a donné à étrangeté, à ce que l'on pourrait nommer son caractère dynamique et non statique. Il n'y a pas ici de référence explicite à la dualité des sexes, bien que le terme de *Geschlecht* puisse renvoyer indifféremment à l'espèce ou au sexe, et que l'on puisse certes penser au rapport du frère et de la sœur, si présent dans la poésie de Trakl, et à l'étrange ressemblance physique qui l'unissait à Grete. Le thème est bien plutôt celui du rapport de l'individu aux autres, à ceux dont se sépare justement l'étranger qui prend le large (*auswandert*), c'est-à-dire qui n'en reste pas à l'isolation statique dans une espèce fermée. C'est précisément parce qu'il vit l'individuation de manière dynamique, que tout en se séparant des autres, de ceux qui demeurent dans la guerre des espèces, il demeure attaché à eux par la vénération et l'amour. L'âme voyageuse de l'étranger devient ainsi « âme d'azur » (*blaue Seele*), une âme qui s'ouvre alors à l'unicité du sacré. Néanmoins, elle se sépare, elle prend congé de l'espèce en décomposition.

C'est par là que l'étranger devient celui qui est appelé à se séparer des autres, à s'en départir, celui qui prend congé, *der Ab-geschiedene*. Je reviens ici sur la traduction donnée par Beaufret de ce mot : discédé. Beaufret a ainsi voulu lier toutes les connotations attachés à ce mot : départ, éloignement, décès. Mais il a effacé ainsi l'idée de séparation et/ou d'élection qui peut y être aussi rattachée et que Heidegger souligne ici en parlant d'appel à se séparer, d'appel à décliner, à se perdre dans le clair-obscur spirituel de l'azur. On voit clairement ici que le déclin n'est nullement décadence, mais au contraire entrée dans l'esprit, le contraire même de ce qui advient au dernier homme nietzschéen, qui déchoit dans la bassesse. Un tel déclin court le danger de la destruction, il doit passer par l'hiver – et ici il faudrait souligner l'importance des saisons pour Trakl et, comme le notait plus haut Heidegger, comprendre que la marche de l'étranger suit celle du soleil, qui le conduit à parcourir l'année, dont le nom en indo-européen *ier* est de même racine que le *ienai* grec qui signifie marcher, tout comme de l'allemand *Jahr* (année) et *gehen* (marcher). Se perdre n'est donc pas identique à s'anéantir, même si le risque en est ainsi couru, se perdre – dans le sacré, abandonner ainsi la crispation dans l'isolement, la guerre des espèces –, c'est paradoxalement se détacher (*los-lösen*) et ce détachement de l'étranger le conduit à glisser lentement, à disparaître en tant qu'individu isolé dans la destruction hivernale, non pour s'y engloutir, mais pour, passant par elle, accéder au soir, au crépuscule spirituel occidental. C'est là ce que Heidegger lit dans une des strophes du long poème *Helian*, qui consonne avec ce vers de « Âme d'automne » qui dit : « Le soir change sens et image » (*Abend wechselt Sinn und Bild*). Un tel soir est en effet le lieu d'une transfiguration, autre mot souvent utilisé par Trakl (*Verklärung*), de connotation chrétienne lui aussi, et qui s'oppose diamétralement à la *Verwesung*, à la décomposition. Heidegger explique que le soir a le pouvoir de changer sens et image parce qu'il change lui aussi, parce qu'il n'est pas séparé du jour, pas plus que la source ne l'est de l'onde qui en jaillit, parce qu'il est simplement le déclin du jour, une inclinaison vers un nouveau commencement, celui du voyage de l'étranger, de celui qui est toujours « en chemin », expression que l'on retrouve dans le titre du volume dans lequel Heidegger a publié sa conférence. Le soir, l'Occident, est donc le lieu d'un changement qui, en abritant en lui le congé donné au règne précédent du jour et de l'année, ouvre la voie d'un autre lever de l'astre, et d'une autre année.

Parce que l'étranger abandonne la dissension, le lieu où il se tient est celui d'un rassemblement. Le lieu où se tient l'étranger, celui qui est en chemin, celui qui prend congé, on peut le nommer, dit Heidegger, *die Abgeschiedenheit*, l'état de celui qui prend le large, qui se sépare non dans la violence du refus, mais pour répondre à l'appel spirituel. Selon Heidegger, c'est de ce lieu que jaillit la poésie de Trakl comme un unique chant. Et le mot ici employé est *Gesang*, que l'on trouve aussi chez Hölderlin, qui signifie plus que le mot courant en allemand pour chant, *Lied*, qui apparaît juste après dans le texte, car il renvoie par la particule *ge-* à l'idée de rassemblement de toutes les voix, et que l'on peut alors proposer de traduire par plain-chant[1].

Heidegger aborde alors le problème du rapport de la séparation (*Abgeschiedenheit*), du départ, et de la mort, pour marquer que cette mort dont parle Trakl dans ses poèmes n'est pas la mort au sens ordinaire du terme, mais une autre manière de vivre. Il cite à l'appui un vers du poème intitulé « Psaume » : « Dans sa tombe le blanc magicien joue avec ses serpents », qui indique le changement qui a eu lieu et qui permet alors de jouer avec ce qui est le danger même, l'animal venimeux. Ce changement est aussi compris comme folie, puisque dans le même poème, l'étranger est nommé le *Wahnsinnige*, mais il ne s'agit pas ici de maladie mentale, de psychologie ou de psychiatrie, car cette absence de sens qui caractérise la folie ou l'égarement (*Wahn*) selon l'étymologie même de *wana* qui signifie « sans », indique simplement son état de séparation, sa différence d'avec les autres. Il est autrement sensé que les autres, dépourvu du sens des autres, ce qui veut dire qu'il marche dans une autre direction, le mot pour sens en allemand, *Sinn*, renvoyant à la racine indo-européenne *sent* et *set* qui veut dire chemin. Heidegger cite alors le poème « À un jeune mort », *An einen Frühverstorbenen*, à celui qui est mort à peine sorti de l'enfance et qui dans la mort est repris par elle, et note que Trakl associe la paix à l'enfance. On retrouve ici l'insistance, soulignée par Heidegger, sur les mots *sanft* et *still*, indiquant, comme déjà *leise*, ce calme, cette lenteur et cette paix qui caractérisent la tonalité fondamentale de la poésie de Trakl, son appel à la douceur contre la violence de la dissension et de la guerre.

Mais qui est donc ce jeune mort ? On atteint là, avec la figure d'Elis et de l'enfant, à un moment essentiel de la poésie de Trakl. Elis, à côté de Sébastien et d'Hélian, autres figures d'enfant présentes chez Trakl, est pour Heidegger l'incarnation même de l'étranger, mais non pas de Trakl lui-même – pas plus, précise-t-il, que le Zarathoustra de

1. C'est la traduction qu'en donne F. Fédier dans *F. Hölderlin, Douze poèmes*, Paris, Orphée, La Différence, 1989, p. 65.

Nietzsche ne peut être identifié à Nietzsche lui-même. Heidegger souligne la similitude qu'il y a entre Elis et Zarathoustra dans la manière non négative dont ils comprennent le déclin et s'engagent en lui. Elis est la figure de l'enfance, d'une enfance plus ancienne que la vieille espèce en décomposition, plus ancienne, note Heidegger, parce que plus *sinnender*, plus voyageuse, plus sereine, hors dissension. Qu'est-ce en effet que l'enfant ? Celui en qui la dualité des sexes n'est pas encore devenu dissension, celui dont l'allemand parle au neutre, et qui abrite et réserve en soi le tendre double pli des sexes. Elis ne se décompose pas, mais il perd son être (*entwest*) dans la précocité qui est la sienne, une précocité dont Heidegger dit qu'elle n'est pas encore venue au porter, *zum Tragen*, et il faut ici entendre ce mot au sens du vieil haut allemand *giberan*, qui veut dire porter un enfant, enfanter. C'est précisément, selon Heidegger, ce non-enfanté que Trakl nomme *l'ingénéré* (*der Ungeborene*) dans le poème intitulé « Clair printemps », *Heiterer Frühling*. L'ingénéré et l'étranger sont le même, ce qui implique que celui qui s'est séparé n'est pas décédé, au contraire, il n'est en quelque sorte pas encore né. Or cette précocité ou ce matin dans lequel l'étranger est entré en déclinant est un temps tout particulier, le temps des années spirituelles. Il s'agit là d'un temps particulier parce qu'en lui la fin de l'espèce décomposée précède le début de l'espèce ingénérée. La véritable temporalité, suggère ici Heidegger, n'est pas linéaire, comme la métaphysique se la représente depuis Aristote, qui a défini le temps comme le nombre du mouvement. Le vrai temps est la venue de ce qui a été, non pas du passé, c'est-à-dire du révolu, mais le rassemblement de ce qui a été et qui précède toute venue. Ce vrai temps, comme déjà Heidegger le montrait dans *Être et temps*, se caractérise par le fait qu'en lui avenir et passé sont dans un rapport réciproque, sont en co-appartenance ou en co-originarité. Ce temps, Trakl le nomme spirituel, *geistlich*. Le mot *geistlich* dont le sens originel signifie « ce qui va dans le sens de l'esprit » a aujourd'hui été restreint à son contraste avec le temporel et associé à l'état ecclésiastique, celui du prêtre. Heidegger note que Trakl évite l'emploi du mot *geistig* qui est, lui, dans l'usage courant, non pas opposé au temporel, mais au matériel, et fait donc ainsi partie de la grande opposition métaphysique du sensible et de l'intelligible[1]. Or une telle façon de voir est celle de l'espèce en décomposition. C'est la raison pour laquelle, explique Heidegger, le crépuscule dans lequel entre l'étranger ne peut nullement être nommé *geistig*.

Mais qu'est-ce alors que l'esprit s'il n'est pas défini métaphysiquement ? Heidegger cite le dernier poème de Trakl, *Grodek*, qui parle de la « flamme ardente de l'esprit » (*heissen Flamme des Geistes*) et souligne que contrairement à la tradition, l'esprit est chez Trakl associé au feu et non au souffle, *pneuma* ou *spiritus*. L'esprit en tant que flamme est l'hors de soi, das *Ausser-sich* (c'est par la même expression que Heidegger définissait la temporalité dans *Être et temps*[2]) et Heidegger invoque ici à nouveau l'étymologie du mot *Geist*, dont le sens originel est : être soulevé, transporté, mis hors de soi. L'esprit ainsi défini est l'origine unique du bien comme du mal, de la douceur comme de la violence. Heidegger, comme il le faisait déjà à la suite de Schelling[3], réfute ici la thèse métaphysique selon laquelle le mal provient du sensible en affirmant que le mal est spirituel, spirituel non pas par opposition à matériel (*geistig*), mais en tant que mal provenant de l'esprit *(geistlich)*, en tant qu'en lui il y a insurrection de l'élément extatique qui se disperse hors de la dimension rassemblante du sacré. Le mal est ainsi lié à l'absence de rassemblement sans lequel il n'est pas de douceur. L'esprit est en effet ce qui jette l'étranger dans le voyage et fait ainsi don de l'âme. Mais en retour, pour qu'il y ait rassemblement, l'âme doit se faire gardienne de la flamme de l'esprit.

Ici s'ouvre une magnifique méditation sur la douleur dans laquelle Heidegger, citant Trakl, voit la « grandeur de l'âme », d'une âme qui en se séparant s'ouvre à l'esprit. Tout ce qui vit au sens de l'âme est dans la douleur, affirme ainsi Heidegger. Et plus loin il cite

1. Voir à ce propos la lecture que J. Derrida fait, dans *De l'esprit*, Paris, Galilée, 1987, pp. 137 sq., du texte de Heidegger qu'il ouvre par ces mots : « Cette *Erörterung* du *Gedicht* de Trakl est, me semble-t-il, un des textes les plus riches de Heidegger : subtil, surdéterminé, plus intraduisible que jamais. Et bien entendu des plus problématiques. »
2. M. Heidegger, *Être et temps, op. cit.*, § 65, p. 389 [329].
3. Cf. M. Heidegger, *Schelling*, Paris, Gallimard, 1977 (Cours du semestre d'été 1936), pp. 182 sq.

un vers de Trakl qui dit : « Si douloureusement bon et vrai est ce qui vit » (*So schmerzlich gut und wahrhaft ist, was lebt*), la douleur se voyant alors associée au bien et à la vérité. La douleur est ainsi le don de l'être en tout ce qui est. C'est pourquoi Heidegger voit en elle « le pur accord à la sacralité de l'azur » (*die reine Entsprechung zur Heiligkeit der Bläue*)[1]. Heidegger, après avoir explicité la nature de la douleur, cite à nouveau le dernier poème de Trakl, *Grodek*, qui évoque lui aussi « la flamme ardente de l'esprit » que « nourrit aujourd'hui une puissante douleur ». Cet esprit, c'est celui du jeune mort dont parle le poème qui lui est dédié. C'est pourquoi Heidegger peut affirmer que l'*Abgeschiedenheit*, la séparation, se déploie comme l'esprit pur, et qu'en tant que telle, elle est ce qui rassemble[2]. Nous sommes donc ici face à un paradoxe, puisque c'est la séparation qui rassemble, ce qui implique, comme le souligne Heidegger, que dans la séparation (*Abgeschiedenheit*) l'esprit du mal n'est ni anéanti ni laissé libre, il est *transmué*, et il ne peut l'être que si l'âme est grande, que si elle s'ouvre à la douleur de la séparation et retourne ainsi à l'enfance, à la sérénité d'une dualité qui n'est pas dissension. La séparation rassemble, pur oxymore, et c'est pourquoi elle a la nature du site.

Heidegger pose alors la question du rapport de ce site à la poésie, question problématique puisque c'est celle du rapport entre le non-dit et le dire. En d'autres termes, en quoi la séparation peut-elle être l'origine d'un chant et d'accords harmonieux, comme le dit le poème « Déclin de l'été » ? Comment comprendre l'*Abgeschiedenheit* : comme séparation qui divise ou comme élection qui rassemble ? Heidegger cite à nouveau ici le poème « À un jeune mort », dans lequel apparaît le visage de l'ami qui est à l'écoute de l'étranger et qui le suit, devenant ainsi lui aussi voyageur et étranger. Heidegger souligne que le chant de l'étranger suscite l'attention de ceux qui choisissent de le suivre. C'est ainsi, ajoute-t-il, que s'accomplit l'essence de la séparation : elle n'est le site de la poésie que si elle est à la fois recueil de la sérénité de l'enfance, tombe de l'étranger et rassemble-

1. *Acheminement vers la parole, op. cit.*, p. 67.
2. *Ibid.*, p. 69. Beaufret traduit ici de manière non immédiatement compréhensible *das Versammelnde* par « ce qui appareille » au sens de ce qui met en paire.

ment de ceux qui suivent l'étranger, car c'est par leur écoute seulement que le chant de l'étranger devient audible et accède au dire poétique. En effet Heidegger l'affirme, le dire poétique, le *Dichten*, est un redire (*nachsagen*), un dire en réponse, et donc d'abord et avant tout une écoute. C'est pourquoi le dire poétique peut garder le site de la poésie, le *Gedicht*, comme ce qui est essentiellement non-dit. Un tel chant ne peut naître que de la nuit, de l'obscurité que traverse l'étranger, car cette nuit que nomme tant de poèmes de Trakl est une « nuit spirituelle », *eine geistliche Nacht*, une nuit qui n'est nullement la destruction de l'esprit, mais où brille la clarté de son absence. Déjà, commentant Hölderlin, Heidegger avait souligné que la modernité doit être comprise comme une « nuit sacrée », c'est-à-dire comme l'époque où le rapport au divin n'est pas rompu, mais où il est rapport à l'absence et non plus à la présence des dieux[1]. Heidegger cite à l'appui le poème « La nuit », qui dit le « tourment infini » (*unendliche Qual*) de celui qui traverse la nuit spirituelle et qui accède ainsi à l'accomplissement de la douleur par lequel seul la conquête du ciel et de Dieu, dont parle aussi ce poème, est rendue possible, à travers ce que Trakl nomme *Geduld*, endurance ou patience. On comprend alors pourquoi Heidegger a insisté sur le fait qu'Elis, le jeune mort, ne doit pas être identifié à Trakl lui-même, au poète. Car celui qui devient poète est d'abord celui qui écoute et suit l'étranger, c'est l'ami dont parlait le poème « À un jeune mort » et le frère dont il est question dans les poèmes de Trakl.

☆

Il est maintenant devenu possible, selon Heidegger, *de déterminer la parole propre à la poésie de Trakl*[2]. Elle répond à l'être en chemin de l'étranger, qui mène loin de l'espèce dégénérée et vers le matin à venir de l'espèce ingénérée. Une telle parole, qui a son site dans la séparation, répond au retour chez lui, dans la sérénité de l'enfance, de l'homme de l'espèce ingénérée. C'est donc une parole de la transition,

1. Cf., en particulier, *Chemins qui ne mènent nulle part, op. cit.*, p. 327.
2. *Acheminement vers la parole*, *op. cit.*, p. 75.

de l'*Übergang*, qui va du déclin au sens de la décadence au déclin au sens de l'accès au spirituel. Ici Heidegger cite à l'appui un vers de Trakl qui, dans un poème en prose intitulé « Révélation et déclin » (*Offenbarung und Untergang*), chante « la beauté d'une espèce qui retourne chez elle » (*die Schönheit eines heimkehrenden Geschlechts*)[1]. La parole poétique de Trakl parle ainsi à la fois de ce qu'elle quitte et de ce vers quoi elle s'avance, elle est donc nécessairement ambiguë (*mehrdeutig*). Heidegger insiste sur l'ambiguïté des paroles fondamentales de Trakl, telles que déclin, nuit, mort, etc. Il y a donc une pluralité de sens à l'intérieur même de la poésie de Trakl. Et cette ambiguïté du dire poétique de Trakl doit elle-même être considérée comme l'autre face de ce qui ne peut être dit, du *Gedicht* qui demeure non-dit, et c'est pourquoi Heidegger parle d'une ambiguïté elle-même ambiguë de la poésie de Trakl. Car elle ne provient pas de l'indétermination d'un dire poétique tâtonnant, comme c'est le cas pour tant d'autres poètes, mais au contraire de la rigueur unique en son genre de la parole de Trakl, dont Heidegger n'hésite pas à dire qu'elle l'emporte « infiniment » sur l'exactitude technique des concepts scientifiques. On retrouve ainsi l'opposition qu'établissait Husserl entre l'exactitude propre aux sciences de la nature et la rigueur propre à la philosophie, mais ici le mot *Strenge* est appliqué par Heidegger à la poésie et rapportée à ce qu'il nommait le *Grundton*, le ton fondamental dont proviennent en unisson la pluralité des poèmes et l'ambiguïté des paroles et qui constitue dans son rassemblement le site de la poésie de Trakl.

C'est la question de la plurivocité de la parole de Trakl qui conduit à celle de son *rapport au christianisme*. Heidegger ne nie pas que Trakl ait utilisé un vocabulaire d'origine biblique dans ses poèmes (transfiguration, malédiction, et surtout le terme de *geistlich*, de connotation religieuse, qu'il préfère à celui de *geistig*, de connotation plus métaphysique). Et sans doute, Trakl a-t-il été marqué par le christianisme, encore qu'une certaine ambiguïté subsiste là aussi, puisque, de père protestant et de mère catholique, il ne semble pas qu'il ait

1. *Acheminement vers la parole*, *op. cit.*, p. 76.

bien su lui-même à quelle confession il appartenait. Pour Heidegger, le rapport de Trakl au christianisme ne peut être jugé qu'à partir du moment où le site de sa poésie a été défini et non préalablement à cela. Ce qui implique, comme c'est déjà le cas pour Hölderlin, que s'opère ainsi une redécouverte du christianisme moins comme doctrine que comme mode d'existence. C'est pourquoi Heidegger souligne que les concepts de la théologie ne peuvent en aucun cas être pris comme points de départ de cette discussion. Heidegger doute d'autre part de l'attitude vraiment chrétienne de Trakl qui, dans ses deux derniers poèmes, n'invoque ni le Christ ni Dieu, mais « l'ombre vacillante de la sœur », et nomme l'éternité « onde glaciale ». Car pour Heidegger, Trakl, tout comme Hölderlin, est le poète du retrait du divin, et non de la révélation chrétienne, et comme Nietzsche, il est en quête d'un avenir à donner à l'homme plutôt que du salut éternel de celui-ci.

Il reste une dernière question que Heidegger aborde dans la troisième et dernière partie de la conférence, celle du *rapport de la poésie de Trakl à l'Occident*, le pays du soir. Car le vrai nom du site où elle se tient peut être précisément nommé *Abendland*, ce qui renvoie selon Heidegger à quelque chose de plus ancien que l'Occident platonico-chrétien et européen. Un tel Occident n'est nullement décadent, il demeure au contraire en attente de ses habitants en tant que pays de la nuit spirituelle et du retrait du divin où, comme chez Hölderlin, le rapport à *das Heilige*, l'indemne, est plus fort lorsque celui-ci se retire que lorsqu'il se donne à voir dans la figure de la divinité. Le retrait du divin n'est donc nullement décadence et l'époque de la mort de dieu, pour reprendre une expression de Nietzsche, n'est nullement pour Heidegger celle de la disparition de la dimension azuréenne du sacré, mais au contraire le matin de la naissance d'une nouvelle sorte d'hommes. Heidegger fait ici allusion aux deux poèmes de Trakl qui parlent de l'Occident, en particulier celui qui est intitulé « Chant occidental » (*Abendländisches Lied*) où, après s'être plaint des heures amères du déclin, Trakl évoque les amants qui, rayonnants, soulèvent leurs paupières, puis, à la suite d'un signe de ponctuation ici inattendu, deux points, écrit simplement ces deux mots : « *Une* espèce » (*Ein Geschlecht*) en soulignant le *ein*. C'est dans ces deux simples mots que Heidegger découvre le ton fondamental de la poésie de Trakl, car l'unité de cette espèce provient de la souche de ceux qui, en se séparant, ont rassemblé la dissension des espèces dans la douceur d'un double pli. Mais ici précise Heidegger, un ne veut pas dire « un au lieu de deux », un ne doit pas être compris au sens de l'uniformité et ne renvoie à aucun fait biologique, car ni au niveau des espèces, ni au niveau des sexes, il ne s'agit d'installer une indifférenciation. Il faut entendre le mot *Geschlecht* à partir de la poésie de Trakl, à partir de son chant qui est chant du déclin. C'est pourquoi ce mot conserve la pluralité de ses sens et désigne aussi bien la race historique de l'homme, par opposition à l'ordre du vivant, que les espèces et les familles à l'intérieur de l'humanité, et que les sexes. Il s'agit d'une unité qui provient d'un retour à l'enfance, d'une sortie de la discorde, qui permet de *vivre sereinement la pluralité*.

Heidegger termine sa conférence en affirmant que notre pensée demeure trop courte et notre oreille demeure sourde lorsque nous voyons en Trakl un poète de la décadence et que nous le jugeons « étranger à l'histoire ». Sa poésie n'a pas besoin de sujets historiques, car elle parle du processus historique lui-même, du destin réservé à l'espèce humaine, et ajoute Heidegger, ainsi elle la sauve (*rettet*). Dans une conférence datant de la même année 1953, Heidegger insiste sur le fait que ce mot signifie originellement « faire apparaître », le salut devant être compris comme le fait d'amener quelque chose à son être[1]. Est-ce là, demande-t-il, encore un rêve romantique qui demeurerait à l'écart de la technicité et de l'économie du monde moderne, ou bien est-ce là au contraire le clair savoir du dément, de celui qui ne se laisse pas enfermer dans l'actuel et déploie la dimension d'un avenir qui n'est pas seulement la prolongation du présent et qui ne demeure donc pas dépourvu de tout destin capable de concerner l'homme dans l'origine même de son être ?

Le site de la poésie de Trakl est donc le pays du soir, une terre spirituelle : en tant que tel, il s'oppose aussi bien à l'Occident métaphysico-

1. Cf. « La question de la technique », in *Essais et conférences, op. cit.*, p. 38. Voir également p. 177.

chrétien qu'à l'Europe économico-technique, aussi bien au passé qu'au présent. Cet Occident auquel nous appelle Trakl est le pays des ingénérés, un Occident encore en latence (*verborgen*). Trakl est ainsi, aux yeux de Heidegger, le poète d'un tel Occident à venir.

Origine des textes

1. « Husserl et la neutralité de l'art », *La part de l'œil*, Dossier Art et phénoménologie, n°7, Bruxelles, 1991, pp. 19-29.

2. Version française de « Heidegger's Freiburg version of "The Origin of the Work of Art" », *Heidegger toward the Turn, Essays on the Work of the 1930s* ed. by J. Risser, State University of New York, 1999, pp. 119-142.

3. « Esthétique et Herméneutique : La critique de la conscience esthétique chez Gadamer », *Phénoménologie et esthétique*, Encre Marine, 42220 La Versanne, 1998, pp. 41-60.

4. « À la naissance des choses : le dessin », *L'Art au regard de la phénoménologie*, Colloque de l'École des Beaux-Arts de Toulouse, PUM, Toulouse, 1994, pp. 73-95.

5. Nouvelle version augmentée de « Filosofía y poesía », in *Areté, Revista de filosofía*, vol. I, n°2, 1989, Pontificia Universitad Católica del Perú, pp. 285-295.

6. « La poésie comme origine (Hölderlin et Heidegger) », in *Kunst und Wahrheit, Festschrift für Walter Biemel*, Humanitas, Bucarest, 2003, pp. 83-98.

7. Nouvelle version augmentée de « Rencontre de René Char et de Martin Heidegger », in *Europe*, Paris, n° 705-706, janvier-février 1988, pp. 102-111.

8. « Heidegger et Trakl : le site occidental et le voyage poétique », in *Noesis*, Paris, Vrin, n° 7, mars 2004, pp. 19-41.

Du même auteur

Heidegger et la question du temps (Puf, 1990, 3ème édition, 1999)

Hölderlin, tragédie et modernité (Encre Marine, 1992)

Dire le temps. Esquisse d'une chrono-logie phénoménologique (Encre Marine, 1994, rééd. 2002)

La mort. Essai sur la finitude (Hatier, 1994)

Husserl. Des mathématiques à l'histoire (Puf, 1995, 2ème édition, 1999)

Hölderlin. Le retournement natal (Encre Marine, 1997)

Comment vivre avec la mort ? (Pleins feux, 1998)

Chair et langage, essais sur Merleau-Ponty (Encre Marine, 2001)

Heidegger et la quetion anthropologique (Peeters, 2003)

La phénoménologie en question. Langage, altérité, temporalité, finitude (Vrin, 2004)

Philosophie et différence (La Transparence, 2004)

TABLE

Cet ouvrage a été achevé d'imprimer en septembre 2005
sur les presses de l'imprimerie du Pré Battoir
(42220 St-Julien-Molin-Molette)
pour le compte des éditions
encre marine
Fougères, 42220 La Versanne,
selon une maquette fournie par leurs soins.
Dépôt légal : septembre 2005
ISBN : 2-909422-94-1